Ein Lied vom Seufzen der ganzen Schöpfung

GREGOR BAUMHOF

Ein Lied vom Seufzen der ganzen Schöpfung

DIE O-ANTIPHONEN DER RÖMISCHEN ADVENTSLITURGIE

VERLAG FRIEDRICH PUSTET
REGENSBURG

Bibliografische Information der Deutschen Nationalbibliothek
Die Deutsche Nationalbibliothek verzeichnet diese Publikation in der Deutschen Nationalbibliografie; detaillierte bibliografische Daten sind im Internet über https://dnb.dnb.de abrufbar.

Gutenbergstraße 8 | 93051 Regensburg
Tel. 0941/920220 | verlag@pustet.de

ISBN 978-3-7917-3444-6
Umschlaggestaltung: www.martinveicht.de
Umschlagbild: Andreas Felger, O radix Jesse
Andreas Felger-Stiftung
Satz: Vollnhals Fotosatz, Neustadt a. d. Donau
Druck und Bindung: Friedrich Pustet, Regensburg
Printed in Germany 2023

eISBN 978-3-7917-6248-7 (epub)

www.verlag-pustet.de

Inhalt

Wenn man Bach oder eine Gregorianische Melodie hört, verstummen alle Fähigkeiten der Seele und spannen sich an, um diese vollkommen schöne Sache zu begreifen, jede auf ihre Weise. Der Verstand unter anderen; er findet hier nichts zu bejahen und nichts zu verneinen, doch er findet darin seine Nahrung. Muss der Glaube nicht eine Zustimmung dieser Art sein? Man erniedrigt die Mysterien des Glaubens, wenn man aus ihnen einen Gegenstand der Bejahung oder der Verneinung macht, wo sie doch ein Gegenstand der Betrachtung sein müssen. Im Bereich des Verstandes ist die Tugend der Demut nichts anderes als die Aufmerksamkeit."

Simone Weil
(Cahiers. Aufzeichnungen, Bd. 2,
München 1993, 163)

I. Einleitung

1. DIE O-ANTIPHONEN IM ADVENT

Liturgisch gesehen ist der Advent im römischen Ritus eine besonders reiche und eindrucksvolle Zeit des Kirchenjahres. Im lateinischen Offizium haben Laudes und Vesper eigene Antiphonen zum Benedictus und zum Magnificat. Sonntags haben alle Psalmen eigene Antiphonen. Ab dem 17. Dezember gibt es nochmals eine besondere Steigerung. Denn nun erhalten auch die Psalmen der Laudes an Werktagen eigene Antiphonen, und zum Magnificat werden in der Vesper die hier zu betrachtenden großen O-Antiphonen gesungen.

Die O-Antiphonen als Magnificat-Antiphonen vom 17. bis 23. Dezember bilden einen der Höhepunkte der Adventsliturgie. Seit über 1000 Jahren sind sie in der lateinisch-abendländischen Liturgie lebendig. In ihnen werden alttestamentliche theologische Aussagen auf Christus bezogen. So stellen sie auch einen Schatz der Verhältnisbestimmung von Judentum und Christentum dar. Für den Autor der Antiphonen ist das prägende Element des Ersten Testaments die messianische Erwartung. Das ist der Grund, warum das Christentum sich auch mit dem Ersten Testament zu beschäftigen hat.

Als sichere Quelle für unsere O-Antiphonen kann der karolingische „Liber de ordine antiphonarii" des Amalar von Metz (775–850) gelten. Es ist wahrscheinlich, dass die Lieder im Mailand des 6. Jahrhunderts entstanden sind. Im Rahmen des Liturgieaustausches kommen sie im 8. Jahrhundert über Rom auch nach Franken. Dort finden sich die Antiphonen im St. Gallener Codex Hartker (um 1000).

Die O-Antiphonen kennen keine Neigung zu einer bestimmten Liturgie, haben sich aber über die Zeiten als Magnificat-Antiphonen etabliert. Die Verwendung ist aber nicht zwingend.

Im Lektionar stehen sie als Ruf vor dem Evangelium in den Tagen vom 17. bis zum 23. Dezember. Dort ist allerdings das staunende „O“ durch „Du“ ersetzt. In fast jeder Antiphon ist eine Zeile gestrichen oder interpretierend übersetzt. So ist aus *lapis angularis* der Eckstein *der Kirche* geworden. Das hochbedeutsame *qui facis utraque unum* ist ersatzlos gestrichen.

Die O-Antiphonen haben eine Nachgeschichte: Ihre Beliebtheit hat zu interpretierenden Fortschreibungen geführt. Eine Antiphon hat ihren Weg ins Evangelische Gesangbuch gefunden (EG 19: O komm, o komm, du Morgenstern): Dem Lied ist aber die alte Herkunft nicht mehr anzumerken. Auch im alten Gotteslob findet sich ein Lied, das von den O-Antiphonen inspiriert ist (GL [1975] 112: Herr, send herab uns deinen Sohn). Es handelt sich um eine recht getreuliche Nachdichtung mit einer Einleitungsstrophe, die versucht, die „Defizite“ der Antiphonen dadurch wettzumachen, dass Gott selbst angeredet wird und um Sendung seines Sohnes gebeten wird. Leider wird Erlösung reduziert auf die Tilgung der Sünden. Im neuen Gotteslob von 2013 findet es sich mit einer anderen Melodie und ergänzt um einen „Freu dich“-Refrain unter Nr. 222. Es handelt sich um die gleiche Melodie wie in EG 19, die auf das 15. Jahrhundert zurückgeht und die auch Zoltan Kodály zu seinem A-cappella-Chorstück „Veni, veni Emmanuel“ anregte.

2. DIE O-ANTIPHONEN IM ÜBERBLICK UND AUFBAU

Die O-Antiphonen bilden zusammen einen siebenstrophigen Text. Jede Strophe besteht aus sechs Versen. Am Beginn steht jeweils das O, von dem die Lieder ihren Namen haben. Durch den Staunlaut O wird deutlich, dass es sich bei den Texten um Beziehungsrede handelt: Die Person, die nach dem O mit einem

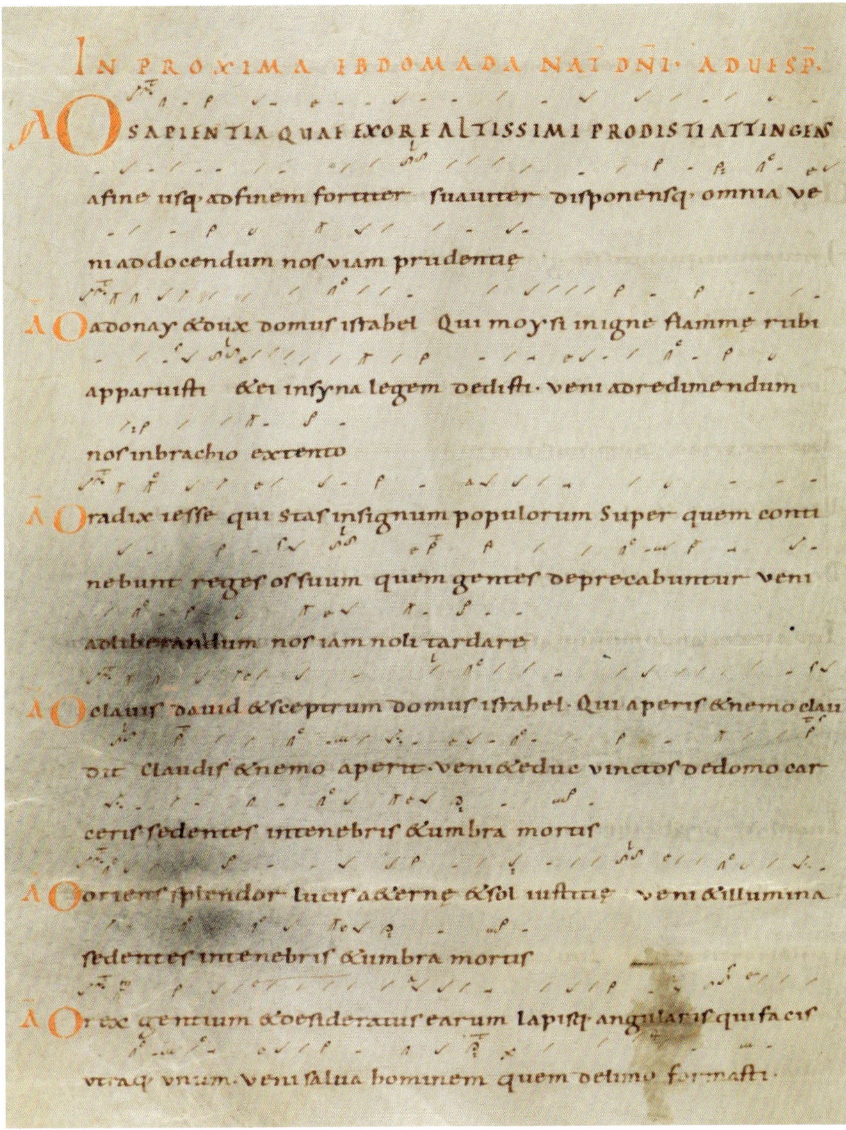

IN PROXIMA EBDOMADA NAT DNI. AD UESP.

A O SAPIENTIA QUAE EX ORE ALTISSIMI PRODISTI ATTINGENS
a fine usq; ad finem fortiter suauiter disponensq; omnia ve
ni ad docendum nos viam prudentiæ

A O adonay & dux domus israhel Qui moysi in igne flammæ rubi
apparuisti & ei in syna legem dedisti. veni ad redimendum
nos in brachio extento

A O radix iesse qui stas in signum populorum Super quem conti
nebunt reges os suum quem gentes deprecabuntur veni
ad liberandum nos iam noli tardare

A O clauis dauid & sceptrum domus israhel. Qui aperis & nemo clau
dit Claudis & nemo aperit. veni & educ vinctos de domo car
ceris sedentes in tenebris & umbra mortis

A O oriens splendor lucis aeternæ & sol iustitiæ veni & illumina
sedentes in tenebris & umbra mortis

A O rex gentium & desideratus earum lapisq; angularis qui facis
utraq; unum. veni salua hominem quem de limo formasti.

Hartker-Antiphonar, Cod.Sang.390, Stiftsbibliothek St. Gallen bildhaften Namen genannt wird, wird persönlich angeredet. Insofern können wir tatsächlich von hymnischen Texten reden. Die Bildnamen stammen alle aus dem Alten Testament. Aus neutestamentlicher Sicht sind sie als Aussage über Jesus Christus als den verheißenen Messias zu verstehen. Das erweist den Autor als treuen Schüler des hl. Augustinus, der schreibt, dass der Neue Bund im Alten verborgen und der Alte im Neuen erschlossen sei. Dann folgen in drei kurzen Abschnitten nähere Angaben zur Person, was sie ist, was sie tut.

Mit dem Imperativ *veni – komm* beginnt der zweite Teil. In zwei Zeilen wird im Anschluss das ersehnte Ziel des erbetenen Kommens zum Ausdruck gebracht. Das *veni – komm* ist der Ruf aus der Offenbarung des Johannes (22,20) am Ende der Heiligen Schrift. Wenn wir uns anschicken, jedes Jahr die Ankunft des *Logos,* des ewigen Wortes Gottes in unserem sterblichen Fleisch zu feiern, richtet sich unser Sehnen und Rufen auch auf die verheißene Wiederkunft des Herrn am Ende der Tage.

Wenn wir den Überblick in der Tabelle genauer anschauen, können wir in den Titeln eine Chronologie ablesen:

- Die erste Antiphon bezeugt die Präexistenz der Weisheit vor der Schöpfung.
- Die zweite Antiphon handelt vom Exodus.
- Die beiden nächsten Antiphonen erzählen von der davidischen Genealogie.
- Die Titel der fünften und sechsten Antiphon sind den Propheten entnommen.
- Erst die siebte Antiphon schließt mit einer auf Christus bezogenen Gottesanrede: *Domine, Deus noster.* Der Name „Emmanuel" ist der einzige direkte Hinweis auf Weihnachten (vgl. Mt 1,23: „Siehe, die Jungfrau wird einen Sohn gebären und du sollst ihm den Namen Emmanuel geben."). Es ist aber auffällig, dass in keiner der Antiphonen der Neugeborene Christus genannt wird.

O Sapientia,	O Adonai,	O Radix Jesse,	O Clavis David,	O Oriens,	O Rex gentium,	O Emmanuel,
quae ex ore Altissimi prodisti,	et Dux domus Israel,	qui stas in signum populorum,	et sceptrum domus Israel,	splendor lucis aeternae	et desideratus earum,	rex et legifer noster,
attingens a fine usque ad finem fortiter,	qui Moysi in igne flammae rubi apparuisti,	super quem continebund reges os suum,	qui aperis, et nemo claudit,	et sol iustitiae:	lapisque angularis	exspectatio gentium
suaviter disponensque omnia	et ei in Sina legem dedisti:	quem gentes deprecabuntur	claudis, et nemo aperit		qui facis utraque unum:	et salvator earum:
veni	veni	veni	veni	veni et illumina	veni	veni
ad docendum nos	ad redimendum nos	ad liberandum nos,	et educ vinctum de domo carceris, sedentem in tenebris	sedentes in tenebris	salva hominem,	ad salvandum nos,
viam prudentiae.	in bracchio extento.	iam noli tardare.	in umbra mortis.	et umbra mortis.	quem de limo formasti.	Domine Deus noster.

Die O-Antiphonen. Übersicht und Aufbau

Wir sehen also deutlich, dass der Autor quasi das ganze Alte Testament abschreitet, um Hinweise auf das erwartete Kommen des Messias zu finden. Von der Thora bis zu den Propheten findet er entsprechende Belege.

3. DIE RUFLIEDER ALS VORLÄUFER

Die O-Antiphonen haben Vorläufer in kultischen Liedern der vorchristlichen griechischen und römischen Religion: In sog. Rufliedern, den „Hymnoi kletikoi", wurde die Ankunft der Gottheiten in ihrem Heiligtum erfleht, später – seit Kaiser Augustus – auch der als Götter verehrten Kaiser. Diese kultisch gefeierte Ankunft wurde im Lateinischen *adventus* genannt.

In ihrer Form fügen sich die O-Antiphonen in diesen festen Typ kultischer „Ruflieder" ein. Im Mittelpunkt: eine meist streng imperativische Aufforderung, zu kommen. Die Gottesanrede ist verbunden mit Adjektivattributen oder Appositionen; typisch auch die Relativprädikation. Der Zweck des Kommens wird in finaler Unterordnung, partizipial *(ad)* oder in Satzbeiordnung *(et)* eingeführt.

Die römische Liturgietradition übernahm für ihre Feier der Vorbereitung auf Weihnachten den Begriff „Adventus" und die zugehörige Liedform. Mit ihr gaben die Menschen der Sehnsucht ihres Herzens auf die Ankunft des Christus als Retter Ausdruck: „Christ, der Retter ist da".

Im Folgenden werden wir zunächst die objektive Seite der Antiphonen betrachten, ihre Textquellen suchen und offenlegen. Im Anschluss daran möchte ich verdeutlichen, wie wir selbst mit diesen Texten umgehen können. Hilfreich dazu mag die Begleitung durch die Aquarelle sein, die von Andreas Felger stammen und in einer kleinen Andacht der Jesusbruderschaft aus Gnadental zu den O-Antiphonen veröffentlicht waren.

Auch die Vertonungen der O-Antiphonen im Gregorianischen Choral wie auch die von Marc-Antoine Charpentier und Arvo Pärt, die auf YouTube angehört werden können, sind geeignet, die Meditation zu unterstützen.

II.

Die O-Antiphonen

Ihre Texte, ihre Deutung, ihre Fragen

1. Die Antiphon „O Sapientia“

(17. Dezember)

O Weisheit,
hervorgegangen aus dem Munde des Höchsten,
die Welt umspannst Du von einem Ende zum anderen,
mit Kraft und Milde ordnest Du alles;
nun komm, uns zu lehren
den Weg der Einsicht.

„O sapientia“. In den im lichtvollem Blau, der Farbe der Geistigkeit, gemalten Kreis als Symbol der Vollkommenheit ist in weiß das Kreuz hinterlegt. Es wird mit goldgelber Farbe ins Licht gehoben, damit Kreuzestod und Auferstehung aufzeigend. Mit ihm verbunden ist das Dreieck, welches Symbol für die Dreifaltigkeit oder als Auge Gottes gedeutet werden kann. In dieses hinein sind sieben Zeichen eingefügt, die Hinweis geben auf die sieben Sakramente, mit denen sich ja Irdisches mit Himmlischem verbindet.
Besonders eindrücklich ist die Kraft der Linien und die Milde der Farben. Sie spiegeln damit die Worte, die auch im Text der Antiphon zentrale Bedeutung haben.

Der Dichter muss ein ungeheuer belesener Kenner des Ersten Testaments gewesen sein, denn kaum ein Wort seiner Antiphonen ist nicht der Bibel entlehnt. Wir wollen das genauer nachweisen. So finden wir bei Jesus Sirach in Kapitel 24 die Worte: *Ego ex ore Altissimi prodivi* (Vulgata, Sir 24,5) – „Ich ging aus dem Mund des Höchsten hervor“ (deutsch, Sir 24,3). Und im Buch der Weisheit heißt es in 8,1: *adtingit enim usque ad finem fortiter et disponit omnia suaviter* – „Machtvoll entfaltet sie ihre Kraft von einem Ende zum anderen und durchwaltet voll Güte das All.“

Der Text kombiniert also zwei Zitate aus den alttestamentlichen Lobliedern auf die Weisheit, die dort als Person vorgestellt wird. In der christlichen Rede wird beim Evangelisten Johannes die Weisheit zum *logos*, zum „Wort“ (Joh 1,1). Es steht also eindeutig bereits in der Anrede der ersten Antiphon Christologie im Hintergrund. Eine wunderbare Veranschaulichung, dass Christus – als das weisheitliche Logos-Wort – quasi *ex ore*, aus dem Mund Gottes kommt, bietet die Darstellung der Verkündigung auf der Holztür am Westportals des Münsters in Konstanz. Im Brief des Apostels Paulus an die Korinther finden wir schließlich: „Gott hat Christus für uns zur Weisheit gemacht (1 Kor 1,30).

Die lateinische Ursprungsaussage: *Altissimi* – „des Höchsten“ ist die Übertragung der hebräischen Bezeichnung *Adonai* – „mein Herr“, mit der der Gottesname der Bibel umschrieben wird. Der Ursprungsaussage folgen Prädikationen über das Wesen. Das Wirken erweist sich als Konsequenz des Seins. Existenz und Wirkungsweise der Weisheit können also nicht getrennt werden. Wir bemerken, dass *attingens* und *disponens* Präsensformen sind, d. h. die Weisheit ist in der Gegenwart weiter wirksam tätig. Es geht also um den Weg der Weisheit vom Uranfang bis in die Gegenwart hinein.

Am Ende der Antiphon steht der Anruf, sie, die Weisheit, möge ihr Wirken auch auf die Beter ausdehnen. Hier kommt zum ersten Mal das Subjekt der Antiphon in den Blick: „Wir" sind gezeichnet durch einen Mangel an Weisheit. Die gerundivisch erweiterte Bitte steht bei Jes 40,14: *cum quo iniit consilium et instruxit eum et docuit eum semitam iustitiae et erudivit eum scientiam et viam prudentiae ostendit illi* – „Wen fragt er um Rat, der ihm Einsicht gebe und lehre ihn den Weg des Rechts und lehre ihn Erkenntnis und weise ihm den Weg des Verstandes?" Hier ist der Weisheitsweg nur Gott bekannt und weit weg von der menschlichen Erkenntnis. Weisheit ist auch in der Antiphon nichts, was durch eigene Anstrengung erworben werden könnte. Sie kann sich nur selber dem Sehnsüchtigen vermitteln.

Die Formulierung vom Weg der Einsicht und Klugheit, *viam prudentiae,* findet sich auch in Spr 9,6 und 4,11: „Verlasset die Torheit, so werdet ihr leben, und geht auf dem Wege der Klugheit." bzw. „Ich will dich den Weg der Weisheit führen; ich will dich auf rechter Bahn leiten." Bei *viam prudentiae* klingt also wohl der Wegcharakter der alttestamentlichen Weisheitsliteratur an. Die Thora gilt dort als Wegweiser (vgl. auch Psalm 1 und Psalm 23,3: „... er leitet mich auf rechten Pfaden ..."). In der Antiphon wird die Aussage aber christlich enggeführt (man beachte den Singular) und damit eher auf Joh 14,6 bezogen, wo Christus von sich als „dem Weg" spricht. Klugheit und Einsicht, die in der Antiphon erbeten werden, sind so die Gabe der Weisheit und Folge auf menschlicher Seite.

Zusammenfassung

Wir sehen, dass jedes Wort im Ersten Testament bezeugt ist. Die Antiphon ruft also nach der schöpferischen Weisheit Gottes als dem Lehrer, der Macht hat. Er möge in uns bewirken, dass wir den Weg der Klugheit gehen.

DEUTUNGSPERSPEKTIVEN

Haben wir nun zunächst die objektive Seite der Antiphonen betrachtet, möchte ich nun verdeutlichen, wie wir selbst mit diesen Texten umgehen können, wie wir sie an uns heranlassen können zu unserem Nutzen und Frommen, zu unserer Vorbereitung auf die Ankunft Christi. Wir haben im vorigen Abschnitt gesehen: Der Dichter der Sehnsuchtslieder ist im Alten Testament der Heiligen Schrift außerordentlich bewandert. Er greift deshalb zunächst in seinen Liedern auf diese Welt zurück, hier als Erstes mit einem Titel, der uns vielleicht gar nicht so schmeckt: „Weisheit“. Dieser Titel wird nicht einfach genannt, die Weisheit wird angeredet wie eine Person. Und in der Tat hat schon das Alte Testament früh die Weisheit als Person gedeutet, als jemand, der bei der Erschaffung der Welt dabei war (Spr 8,22–31). Wir finden bei dem Schweizer Schriftsteller Kurt Marti ein geistliches Gedicht, das diesen Zusammenhang für uns neu aufzuschließen versucht:

Von Ur an
Gott in Geselligkeit,
Gott mit Sophia,
der Frau, der Weisheit,
geboren,
noch ehe alles begann.

Sie spielte
vor dem Erschaffer
umspielte, was er geschaffen,
und schlug, leicht hüpfend von Einfall zu Einfall,
neue Erschaffungen vor:
Warum nicht einen anmutig gekurvten Raum?
Warum nicht Myriaden pfiffiger Moleküle?
Warum nicht schleierwehende Wirbel, Gase?
Oder Materie, schwebend, fliegend, rotierend?

So sei es, lachte Gott,
denn alles ist möglich,
doch muss auch Ordnung ins Ganze –
durch Schwerkraft zum Beispiel.
Dazu aber wünschte Sophia sich
ebenso viel Leichtigkeit.
Da ersann Gott die Zeit.
Und Sophia klatschte in die Hände.
Sophia tanzte, leicht wie die Zeit,
zum wilden, melodischen Urknall,
dem Wirbel, Bewegungen, Töne entsprangen,
Räume, Zukünfte, erste Vergangenheiten –
der kosmische Tanz,
das sich freudig ausdehnende All.
Fröhlich streckte Sophia Gott die Arme entgegen.
Und Gott tanzte mit.

(Aus: Kurt Marti, Die gesellige Gottheit. Ein Diskurs, Stuttgart 1989, 7f.)

So stellt uns der Text eine göttliche Gestalt vor, die für das Leben Sorge trägt, vor allem um den Vorrang des Lebens vor dem Tod. Von dieser Gestalt sagt der Text der O-Antiphon, sie sei aus dem Munde des Höchsten hervorgegangen. Er spricht von ihr also als Wort, als ein Wort, das die Welt erschafft, als Wort, das die Schöpfung erhält, als Wort, das uns will, als Wort, das Kommunikation ermöglicht und Beziehung schafft, als Wort des Lebens, das seinen Ausgang vom Schöpfer selbst nimmt und als Antwort des Lobes seiner Geschöpfe zurückkehrt. Die Schöpfung als Manifestation, als universaler Prozess („von einem Ende zum anderen") des göttlichen Willens: Ich will, dass Leben, Bewegung und Tanz und Freude sei vor Tod und Kälte und Erstarrung und Trauer. Ich will, dass es Beziehung und Kommunikation gibt, die elementaren Kennzeichen von Leben und „ich will, dass sie das Leben in Fülle haben" (Joh 10,10).

Auch das Chaos ist in seinen Händen aufbewahrt, die mit Macht und Milde am Schöpfungswerk weiterarbeiten. Diese beiden Eigenschaften dürfen wir näher betrachten. Macht: Entsteht sie nicht immer durch Unterdrückung der einen durch die anderen? Aber das ist die billigste Form von Macht. Es gibt auch die Macht als eines Dinges großer Augenblick, „wenn etwas ganz bei sich selbst ist" (Erhart Kästner). Und Milde: Wird sie von unserer Lebenserfahrung nicht schlechthin als Schwäche ausgelegt? Aber die ist auch wohlfeil. Denn was macht das Wachstum einer Pflanze aus, wenn nicht die hegende Milde und zarte und abwartende Güte des wohlwollenden Segens sie umhüllt? Wird angesichts dieser beiden Worte nicht eine Sehnsucht bei uns wach? Ja, das wäre es: Wenn es jemanden gäbe, der diese beiden Dinge, die bei uns nur als „entweder – oder" gehandelt werden, zusammenbrächte! Im Adventshymnus „Conditor alme" ist diese Doppelung schon preisend angesprochen: Da ist der *Conditor* als der Schöpfer mit Allmacht und Kraft, und da ist das *alme* als Hinweis auf den fürsorgenden und wohlwollenden Schöpfer. Erst beides wird, ausgewogen, dem All und allem, was unser Leben betrifft, Maß, Mitte und Form ermöglichen.

So können wir über das übende Betrachten der alten Bilder wieder Kontakt zu unserer eigenen Sehnsucht knüpfen, die im Tiefsten immer und stetig – das gehört zu unserem *élan vital* – auf den wartet, der als das Wort des Vaters, als neue Weisheit dieses Leben in seinen Händen birgt, der mit Macht und Milde die Welt im Innersten zusammenhält und der die Schöpfung vorantreibt, bis sie in einer neuen Schöpfung vollendet sein wird. Im Angesicht des 7. Tages vor Weihnachten sind wir eingeladen, diese Erwartung in einem bewussten Akt auf den neugeborenen Christus zu beziehen, wie es der Apostel Paulus tut, wenn er spricht: „… Jesus Christus, welcher uns gemacht ist von Gott zur Weisheit." (1 Kor 1,30) Diese Weisheit suchen die drei Weisen. Christus ist das Wort, das aus dem Munde des Höchsten hervorgeht. So können wir singend bitten: Komm und lehre uns den Weg der Einsicht. Lehre uns, neu in die Dinge und neu auch in den Neugeborenen hineinzusehen. Lehre uns, mit ihm Kontakt wie zum Bruder zu bekommen und in den Dingen auch den Neugeborenen wiederzuerkennen. Denn auch heute offenbart er sich – immer da, wo wir uns innerlich (deswegen „Ein"-sicht) gemeint, ergriffen fühlen und in dieses eigene Geheimnis hineinsehen.

ANFRAGEN

Das Wort *sapientia* kommt von *sapere* – zunächst „schmecken, Geschmack haben" und dann weiter auch „weise sein, Einsicht haben, Verstand haben". So dürfen wir die Antiphon als Frage an uns deuten:

- Was schmeckt mir, woran habe ich Geschmack gefunden?
- Schmecken mir das Brot und der Wein, den die Weisheit gemischt hat (Spr 9,5)?
- Was bedeutet mir die Person der Sapientia, die für das Leben in seinen umfassenden Perspektiven Sorge trägt?

Auch in der Formulierung „mit Kraft und Milde ordnest du alles" können wir Anfragen entdecken.

- Da ist der Blick auf die „ordnende" Tätigkeit: Will ich mit dem Weg der Klugheit meinem Leben Form und Richtung, Maß und Mitte geben? Kann ich mit Form und Richtung auch die zu ihnen gehörenden Begrenzungen und Grenzen akzeptieren?
- Was bedeutet Macht für mich? Ist sie für mich mit Unterdrückung verbunden? Oder „Ermächtigung", dass ein Ding bei sich selbst sein kann? Denke ich bei Milde zunächst an Schwäche oder verbinde ich Milde mit hegender Fürsorge und abwartender Güte?
- Und schließlich: Suche ich Kontakt zum Wort, das die Welt erschafft, das die Schöpfung erhält, das uns will und ins Leben ruft, das Kommunikation und Beziehung ermöglicht?

2. Die Antiphon „O Adonai“

(18. Dezember)

O Adonai
und Führer des Hauses Israel,
der du Mose in der Feuerflamme des Dornbuschs erschienen bist
und ihm auf dem Sinai das Gesetz gegeben hast:
Nun komm und erlöse uns
mit erhobenem Arm.

„O Adonai“. Andreas Felger arbeitet im Wesentlichen mit den Grundfarben Blau, Gelb und Rot und deren Komplementärfarben. In diesem Bild überträgt er die Grundelemente des Dornbuschs mit seinen züngelnden Flammen und der Gesetzgebung mit den zwei Gesetzestafeln eindrücklich. In den Gesetzestafeln ist eingeschrieben der hebräische Text der Selbstoffenbarung Gottes: „Ich bin der Ich-bin-da“. Aber er deutet auch mit dem ausgereckten Arm wieder auf den Gekreuzigten hin, der seine Arme am Kreuz zum Heil der Menschen ausgestreckt hat. Auf der linken Seite erscheint das Feuerrot des Dornbusches durchgängig und wird zum Zeichen für das Rot der Liebe Christi, der sein Blut gibt für das Leben der Welt.

War das Thema der ersten Antiphon das Schöpfungshandeln Gottes, geht es in dieser zweiten Antiphon nun um den Exodus und die Erfahrung, dass Gott in der Geschichte handelt. Die Antiphon setzt drei Akzente: Die Selbstoffenbarung im Dornbusch, das Herausführen aus Ägypten (Exodus) und die Gabe der Thora.

Wieder finden wir die Grundlage aller Aussagen der Antiphon im Alten Testament. Der Text bezieht sich auf zentrale Ereignisse aus dem Buch Exodus. In Ex 3,2 heißt es: *apparuitque ei Dominus in flamma ignis de medio rubi* – „und der Engel des Herrn erschien ihm in einer feurigen Flamme aus dem Dornbusch". Von der Übergabe des Gesetzes am Sinai wird in Ex 24 erzählt (vgl. Ex 24,12). Die Schlussformulierung vom „erhobenen Arm" findet sich in zahlreichen Wendungen, die auf die Befreiung aus Ägypten Bezug nehmen: In Ex 6,6 lesen wir: *ac redimam in brachio excelso (extento)* – „und will euch erlösen mit ausgerecktem Arm". Auch im Buch Deuteronomium finden wir die Spur (Dtn 26,8): *et eduxit nos de Aegypto in manu forti et brachio extento in ingenti pavore in signis atque portentis* – „... und führte uns aus Ägypten mit mächtiger Hand und ausgerecktem Arm und mit großem Schrecken, durch Zeichen und Wunder, ..." Bis in die Psalmen hinein wirkt diese Redewendung weiter, so in Psalm 77,16 (Vulgata 76,16): *redemisti in brachio tuo populum tuum filios Jakob et Joseph* – „Du hast dein Volk erlöst mit Macht, die Kinder Jakobs und Josefs" und Ps 136,12 (Vulgata 135,12): *in manu valida et in brachio extento quoniam in aeternum misericordia eius* – „... mit starker Hand und ausgerecktem Arm, denn seine Güte währet ewiglich".

Gott wird in der Antiphon „Adonai" genannt. Den Titel „Adonai" finden wir in Ex 6,3: *ego Dominus qui apparui Abraham Isaac et Iacob in Deo omnipotente et nomen meum Adonai non indicavi eis.* – „und bin erschienen Abraham, Isaak und Jakob als der allmächtige Gott, aber mit meinem Namen HERR habe ich mich ihnen nicht offenbart." Wir beobachten, dass in Ex 6,3 im lateinischen Text selbst das hebräische Wort „Adonai" steht, nicht das Tetragramm und auch nicht das lateinische Äquivalent! An dieser einzigen Stelle ist in der christlichen Bibel das in jüdischer Tradition anstelle des Tetragramms gelesene Adonai getreten, das im Judentum verwendet wird, um den Namen Gottes nicht unbedacht auszusprechen. Ex 6,3 ist daher in der lateinischen Tradition der Gipfel der Selbstoffenbarung Gottes mit der Offenbarung seines Namens, der gleichbedeutend ist mit seinem Wesen. Wenn er nun in die christliche Antiphon übernommen wird, geht es um den Namen und nicht um die Herrschaftsbezeichnung „Dominus".

Wie in der ersten Antiphon gehen auch hier wieder Wesen und Wirksamkeit zusammen: Die Selbstoffenbarung betrifft sein Wesen, der Exodus seine Wirkung. Sein Name „Ich bin, der ich bin da" (Ex 3,14) ist also im Sinne der Wirksamkeit des sich als Helfer Erweisenden zu deuten. Wir erkennen aber deutlich, dass diese Wirksamkeit nicht allein für Vergangenes ausgesagt wird. Das Exodusgeschehen wird allerdings nicht expressis verbis erwähnt, sondern lediglich über den Begriff *dux* – „Führer des Hauses Israel". Es wird aber in der Bitte erwähnt. So wird das Handeln Gottes als noch ausstehend in die Gegenwart und Zukunft ersehnt.

In der Antiphon sind somit zwei Glaubenserfahrungen artikuliert. Zum einen: Die Vollendung der Erlösung steht noch aus. Und zum anderen: Gottes Taten sind nicht nur Taten der Vergangenheit. Das aber hat bedeutende Konsequenzen: Weil auch wir auf Vollendung hoffen, stehen wir an der Seite Israels, beten wir mit Israel, mit den Worten Israels, und zwar nicht nur mit dem biblischen, sondern mit dem heutigen. Hier kommt Israel in der Liturgie doxologisch zum Klingen. Ob allerdings der Autor der Antiphonen sich über diesen Horizont klar war, oder doch nur das vorchristliche Israel im Auge hatte, bleibt dahingestellt.

Zusammenfassung

Die Antiphon „O Adonai“ ruft nach dem Offenbarwerden der Herrschaft des Wortes Gottes in einer Weltordnung, die besser ist als die, in der wir leben.

DEUTUNGSPERSPEKTIVEN

Im Text wird der alttestamentliche Gott der Juden angeredet. Was soll uns ein Text sagen, der mit alttestamentlichen Bezügen arbeitet, wo es doch um die Ankunft dessen geht, der uns ein Neues Testament hinterlassen will? Versuchen wir Schritt für Schritt und allmählich, den Worten nachsinnend, den Worten auf die Spur zu kommen.

Da steht zu Beginn ein großes „O“! Es ist ein Staunlaut. Wenn wir versuchen, diesen Laut in die eigene Erfahrungswelt zu übertragen, dann werden wir gewahr, dass dieser Laut Wirkungen hervorruft: Das Gesicht wird weit, die Augen groß, die Augenbrauen heben sich, der Unterkiefer wird schwer, der Obergaumen leicht, es ist wie ein Erwachen, wer ich eigentlich bin. So ein gesprochenes „O“ ist Ausdruck des Gefühls der Erleichterung, dieses „O“ „erhebt“. Das Gegenbild dazu können wir erleben, wenn wir vor Enttäuschung zusammensinken, wenn wir Schwere empfinden beim stöhnenden, klagenden „Ach“. Mit diesem Seufzer endet das bedeutungsschwere Theaterstück „Amphytrion“ von Heinrich von Kleist.

Das „O“ dagegen ist staunende Vorsilbe einer persönlichen Anrede. Der Text sagt nicht: „Es gibt einen Herrn und Führer, nun glaubt mal alle fest an ihn!“ Der vorliegende Text – vor allem, weil er ein gesungener Text ist – lädt ein, in die eigene Anrede zu kommen. Die Titel „Adonai“ und „Führer des Hauses Israel“, die der im Alten Testament so bewanderte Textdichter anführt, zeigen uns zwei der ganz großen Bilder für diesen Gott, der für die Juden ja erfahrene Wirklichkeit ist. „Adonai“ ist eigentlich das gesprochene Äquivalent zum sog. Tetragramm JHWH, mit dem Gott selbst beim brennenden Dornbusch Mose seinen Namen mitteilt und sich damit klar und unmissverständlich offenbart. Es ist dies einer der großen Augenblicke, in dem sich ein Tor weit öffnet: Die Erhabenheit und Unnahbarkeit Gottes kommt ganz nah an den Menschen heran, ja liefert sich mit seinem Namen aus. Jemanden, dessen Namen man kennt, kann man rufen. Wenn wir jemandes Namen wissen, haben wir immer auch schon eine gewisse Macht über ihn. Die Macht des Namens wird uns in dem alten Märchen vom Rumpelstilzchen besonders lebendig vor Augen geführt. Diesen erhaben-nahen Namen sprechen die Juden aus Ehrfurcht nicht aus, sondern ersetzen ihn durch den gesprochenen Titel „Adonai – mein Herr".

Der Titel „Führer des Hauses Israel", der im Anschluss durch den Hinweis auf seine gesetzgebende Tätigkeit präzisiert wird, bringt das zweite große Bild der jüdischen Heilsgeschichte in Erinnerung: den Auszug aus der Knechtschaft in Ägypten und den Bundesschluss Gottes mit seinem Volk am Berg Sinai, mit dem er ihm seine Treue zusagt. So stellt uns der Text den jüdischen Gott als erhabenen und zugleich nahen Urheber einer Heilsgeschichte vor Augen. Und im Angesicht des 6. Tages vor der Feier der Geburt Christi werden vom Textdichter die im Alten Testament angesprochenen Vorbilder aufgegriffen, um die eigene Sehnsucht wachzurufen. Er stellt die Bilder aus dem Alten Testament vor, um uns einzuladen, sie in einem Akt der Übertragung auf den ankommenden Christus zu beziehen: Das neugeborene Christuskind – erhabener Gott und zugleich uns ganz nah. Er wird von sich sagen: „Ich bin bei euch alle Tage, bis ans Ende der Welt", er vertraut uns das Gebot der Nächstenliebe als neuen Bund an, er erlöst uns mit den ausgestreckten Armen am Kreuz und befreit uns von aller Angst und Knechtschaft, die Todesmächte bis auf den heutigen Tag zu verbreiten suchen.

Ob wir im Horizont dieser beiden Perspektiven entdecken könnten, dass jeder von uns seine Heilsgeschichte mit Gott hat, dass jeder von uns seine Geschichte mit Gott aufschreiben kann (und sollte), dass jeder diese Sehnsucht nach Nähe und Erhabenheit spürt, wenn er nur tief genug in sich hineinblickt, dass wir alle von dieser Sehnsucht nach Zusage von Begleitung leben? So will das Lied die Erfahrung weitergeben, dass wir vor der alten wie der neuen Erscheinung des nahen und erhabenen, des treuen und in der Geschichte handelnden Gottes, der begleitet und erlöst und befreit, nicht weiter neutral bleiben können. So dürfen wir einstimmen in dieses Lied und mitsingend auch unsere Sehnsucht nach diesem unnahbar-nahen Gott aussingen: O Adonai, nun komm und befreie mich.

ANFRAGEN

Es ist eine Antiphon, die meine Sehnsucht nach der Herrschaft des Wortes Gottes in einer Weltordnung wachruft, die besser ist als die unsrige. Die zweite Antiphon fragt mit dem Blick auf den Gottesnamen an:

- Wie erhaben ist mir mein Gott? Und gleichzeitig auch: Wie nah ist mir mein Gott? Ist er mein Dienstbote, der mir besorgt, was ich brauche?
- Habe ich meine Sinne so geschärft, dass ich seinen Namen selber erfahren kann?
- Suche ich in meiner Geschichte nach Situationen, in denen Gott gehandelt hat? Ja, kann ich eine eigene Heilsgeschichte Gottes mit mir schreiben? Gibt es einen Bund (Ehe oder Profess) zwischen ihm und mir, der Treue erheischt?
- Suche ich mit dem erhabenen und nahen Gott nach einer Weltordnung, die besser ist als die unsrige? Lasse ich mich für die Weltordnung senden?

3. Die Antiphon „O Radix Jesse“
(19. Dezember)

Ad Magnificat

O Spross aus der Wurzel Isais,
der Du dastehst als Zeichen für die Nationen,
vor dem die Könige ihren Mund verschließen
und den die Völker anflehen:
Nun komm, uns zu befreien,
säume nicht länger.

„O radix Jesse“. Der Künstler fügt dem Bild vom verdorrten Wurzelstumpf sowohl das Bild vom Weinstock wie das des aus dem Stumpf ragenden Kreuzes ein. Er erkennt in dem Baum auch das Kreuz, mit dem Christus den Tod besiegt und das so häufig als blühender Baum dargestellt wird. Auch die Trauben, die gekeltert werden zum Wein, der des Menschen Herz erfreut, sind ein solches Lebensbild.

In dieser Antiphon wird die Ausweitung von Israel zu den Völkern vollzogen. Sie hat Jes 11,10a zum Kern: *in die illa radix Jesse qui stat in signum populorum ipsum gentes deprecabuntur et erit sepulchrum eius gloriosum* – „Und es wird geschehen zu der Zeit, dass das Reis aus der Wurzel Isais dasteht als Zeichen für die Völker. Nach ihm werden die Heiden fragen , und die Stätte, da er wohnt, wird herrlich sein." Dieser vermutlich später redaktionell eingefügte Vers fasst Gedankenmaterial aus früheren Versen zusammen: das Wachstumsbild von der Wurzel Isais, das Feldzeichen für die Völker und die Völkerwallfahrt. Diese drei Gedanken werden zu einer neuen Aussage aktualisiert: Es geht um die Restitution der Davidsdynastie, um das Messiasthema und um die Völkerwallfahrt. Die Vokabeln *populi* und *gentes* sind dabei als gleichwertige Ausdrücke für „Völker" zu verstehen. Könige, die „ihren Mund verschließen", sind Hinweis auf Gottes Handeln, das die ganze Welt umfasst. Das *deprecabuntur* meint ursprünglich im Hebräischen die Thorabefragung. Hier in der Antiphon aber wird das Wort wieder christologisch konzentriert und auf den Messias selbst bezogen. Im lateinischen Text wird daraus eine Messiaserwartung der Völker.

Auch ohne ausdrückliche Erwähnung ist mit dem Bild von der Wurzel Isais das Davidsthema der nächsten Antiphon schon gegenwärtig. Die Völkerwallfahrt zum Zion hat hier nicht den HERRN zum Ziel des Rat suchenden Hinziehens, sondern den Messias. Dem christlichen Dichter bot sich dieser Vers darum geradezu an. Es ist anzunehmen, dass er ihn sehr bewusst ausgewählt und in der dritten Zeile mit einem Zitat aus den Gottesknecht-Liedern des Jesaja kombiniert hat, die schon seit alter Zeit auf Christus hin gedeutet wurden: *Super ipsum continebunt reges os suum* – „... dass auch Könige werden ihren Mund vor ihm zuhalten" (Jes 52,15). So sind in dieser Antiphon bezüglich Jesus der Davidsaspekt und der Gottesknechtsaspekt miteinander verbunden. Das ist typisch christliche Theologie.

Die dritte Zeile mit der Leidenschristologie aus dem Gottesknecht-Lied wirft auch Licht auf die Entstehung der Antiphon: Wir erleben uns selbst in Bedrängnis, deshalb ist hier die Bitte besonders eindringlich formuliert: *... noli tardare* – „... säume nicht länger". Dieser Anruf trägt die Gewissheit der Erhörung schon in sich, denn die entsprechenden Bibelstellen sprechen alle vom sicheren Kommen: *quia veniens veniet et non tardabit* – „Die Weissagung wird ja noch erfüllt werden zu ihrer Zeit und wird endlich frei an den Tag kommen und nicht trügen" (Hab 2.3c) und *adhuc enim modicum quantulum qui venturus est, veniet et non tardabit* –„Denn noch über eine kleine Weile, so wird kommen, der kommen soll, und wird's nicht hinziehen" (Hebr 10, 37). Wir beachten schließlich die textlich-musikalische Besonderheit: Statt der unselbständigen Fortführungen steht hier ein eigenständiger Ausruf: *iam noli tardare* – „und säume nicht länger."

Zusammenfassung

Die Antiphon ruft nach dem Herrscher, der ganz anders ist als die, die wir kennen, nach dem verheißenen Neuanfang, nach dem ganz Anderen, der die Mächtigen der Erde zum Schweigen bringt.

Betrachten wir nun im Rückblick die ersten drei Namen, dann erkennen wir, dass in der ersten Antiphon die Weisheit („Sapientia" bzw. „Logos") als Wesensmerkmal der göttlichen Gestalt angesprochen wird. In der zweiten wird Gott unter dem Namen „Adonai" angeredet. Es wird durch den Kontext klar, dass Christus damit gemeint ist. In der dritten wird die „Radix Jesse" angeredet. Das ist ein metaphorischer Titel. Der Angesprochene ist der Messias, der Christus.

„Es ist ein Ros entsprungen, aus einer Wurzel zart" – Eines unserer schönsten Weihnachtslieder kann uns heute ermutigendes Beispiel sein, wie wir neu mit den Bildern des Alten Testamentes umgehen können. In ihm werden wir eingeladen, Bilder anzuschauen, sie als Spiegel unserer eigenen inneren Bilder wahrzunehmen und diese dadurch immer wieder neu zu erwecken und lebendig werden zu lassen. Mir wird in Museen zunehmend angst und bang, wenn ich die vielen Menschen sehe, die jeder für sich mit Kopfhörern durch die Säle ziehen und gar nicht mehr schauen, sondern nur noch hören, was es alles Interessantes zu berichten gibt vom Maler und seiner Zeit, von seinem Stil, von seiner Technik. Und die darüber vergessen, dass das Bild für jeden eine Botschaft bereithält, die nach Austausch verlangt.

Der Spross aus einem Stamm – das ist ein ganz konkretes und einfaches Bild, das wir auch heute erleben und erfahren können: Ein umgeschlagener Baum ist seiner Wurzelkraft nicht beraubt; so nur ein wenig Licht und Wasser ihn erreichen, treibt er neu aus, immer wieder, man kann diese neuen Triebe abschneiden, im nächsten Jahr versucht er es wieder, er kann gar nicht anders. Ein Bild der unerschütterlichen Hoffnung, ein Bild der Vitalität schlechthin.

Aber bei dem Bild dürfen wir nicht stehen bleiben. Das Bild will tiefer wirken. Kennen wir den Prozess nicht auch in unserer Seele, in unserem Eigensten und Innersten? Da ist über Jahre hin unser eigener Lebensbaum ausgedorrt, viele belebende Erwartungen sind durch die Widerfahrnisse des Lebens abgestorben. Da haben die Könige der Welt aus Gewinnsucht und ohne Rücksicht Lebendiges vernichtet. Und wie oft hat ein vernichtendes Urteil unsere ganze Lebenshoffnung angeschlagen. So kann das Bild nun die Sehnsucht in uns wachrufen, dass wir neu – wider alle Erfahrung – dem Leben den Vorrang vor dem Tod, der Hoffnung den Vorrang vor der Hoffnungslosigkeit zusprechen und dass wir die Ankunft des Lebens immer wieder neu erwarten dürfen.

In einer weitergehenden Deutung des Bildes dürfen wir aber auch vorahnend den Baum mitsehen, der als Kreuzesbaum eben auch nicht im Tode verbleibt, sondern durch Christus im Tod am Kreuz zum blühenden neuen Lebensbaum wird, der einst am Anfang und nun wieder die Mitte des Paradieses bildet. Wie tief verwurzelt diese unsere Sehnsucht und unser Durst nach Leben auch ist, so ist sie doch die von der Realität oft am stärksten bedrängte. Deswegen stehen in diesem Sehnsuchtslied am Ende so viele Bitten wie bei keinem anderen aus der Reihe. Wenn wir genau hinsehen, sind es drei, mit denen der Dichter die Eindringlichkeit, die Notwendigkeit und Grenzenlosigkeit unserer Sehnsucht zu formulieren versucht und uns einlädt, in der direkten Anrede an den Neugeborenen Christus als dem Herrscher, der die Könige dieser Welt verstummen lässt und der Garant für die Umkehrung der Werte ist, singend einzustimmen: Nun komm, nun erhebe dich endlich, nun säume nicht länger.

ANFRAGEN

Das diesem Text zugrundeliegende Bild ist dasjenige eines abgestorbenen Baumes, der aber, sobald Licht und Wasser auf ihn treffen, wieder ausschlägt. So könnte diese Antiphon uns einladen, nach dem zu fragen, was in uns abgestorben ist, was wir abgeschrieben haben. Wir könnten uns fragen:

- Was tue ich dafür, dass mein eigener Lebensbaum nicht verdorrt?
- Habe ich gewisse Erwartungen an das Leben schon aufgegeben? Hat ein vernichtendes Urteil, das mich getroffen hat, meine Lebenshoffnung zerschlagen?
- Bin ich von der Sehnsucht getragen, dass neues Leben den Vorrang vor dem Tod hat?

- Kann der Messias, der auch in diesem Jahr wieder neu geborene Christus, Wurzeltrieb meiner vertrockneten Seele sein?

So wäre in der Betrachtung dies eine Antiphon, die meine Sehnsucht nach Vitalität und Leben neu wachruft.

4. Die Antiphon „O Clavis David“

(20. Dezember)

Ad Magnificat

O Schlüssel Davids
und Zepter des Hauses Israel,
der Du öffnest und niemand schließt,
der Du schließest und keiner vermag zu öffnen.
Nun komm und führe den Gefangenen aus dem Kerker,
den, der sitzt in Finsternis und Todesschatten.

DIE ALTTESTAMENTLICHE PROPHETIE

Die Antiphon spricht von zwei Gegenständen, dem Schlüssel und dem Zepter. Vom Schlüssel heißt es in Jes 22,22: *et dabo clavem domus David super umerum eius et aperiet et non erit qui claudat et claudet et non erit qui aperiat* – „Und ich will die Schlüssel des Hauses Davids auf seine Schultern legen, dass er auftue und niemals zuschließe, dass er zuschließe und niemand auftue." Im Kontext des Buches Jesaja ist dies eine personenbezogene Verheißung an Eljakim. Hintergrund ist die Geschichte von Schebna, einem untreuen und gewissenlosen Verwalter des Hauses David. Diesem ist eine große Verfügungsgewalt gegeben, die im Alten Testament stets auch mit der Schlüsselgewalt einhergeht. Unter dieser Verfügungsgewalt Schebnas haben die Einwohner Jerusalems sehr zu leiden, weil er sie nicht zum Nutzen und Frommen der ihm Anvertrauten gebraucht, sondern zu seiner eigenen Machtausübung und Ehre missbraucht. Der Prophet soll ihm deswegen im Auftrag Gottes seine Stellung wegnehmen und an Eljakim übergeben. Dieser wird zum Verwalter berufen mit der Aufforderung, für das Haus Juda wie ein Vater zu sorgen. Es geht in diesem Bild also um die Weitergabe der Erfahrung, dass Unterdrückung und Selbstherrlichkeit als Kennzeichen einer Tyrannei, die Kerker und Finsternis im Schlepptau führt, in den Augen Gottes keine Duldung finden. Die Stunde des Tyrannen hat immer schon geschlagen.

Gott kennt Wege und will sie uns auch zeigen, die über diese Erfahrung der Tyrannei hinaus in berechtigte Hoffnung auf Freiheit und Licht führen. Der Dichter der Antiphon deutet diese Geschichte, die ihre Sinnspitze dadurch erhält, dass es nicht nur Schebna gibt, sondern auch Eljakim, der von der Not der Unterdrückung erlöst, als Vorausbild auf den Messias. Dieses Bild greift auch der Evangelist Matthäus wieder auf im Zusammenhang der Bevollmächtigung an Petrus: „Ich will dir des Himmelreichs Schlüssel geben und alles, was du auf Erden binden wirst, wird auch im Himmel gebunden sein und alles

„O Clavis David“. Im Lichtschlüssel, mit dem Geistigkeit symbolisierenden Blau hinterlegt, findet sich das weiße Kreuz. Er (und es!) sprengt von „Oben“ kommend den Kerker der Finsternis und des Todes, hier wie überall wo vom Tod die Rede ist, die „Unfarbe“ Braun verwendend.

was du auf Erden lösen wirst, soll auch im Himmel los sein" (Mt 16,19). Eine Deutung des Schlüssels auf den Messias ist im Alten Testament nicht gegeben, erst später wird Eljakim zum Christustypos: Er eröffnet durch seinen Tod und seine Auferstehung den Zugang zum Reich Gottes. So steht der Schlüssel als Symbol für die Macht Christi, und als Bild steht er in der Anrede der Antiphon für Christus selbst.

Zum Schlüssel parallel nennt die Antiphon das Zepter. Die betreffende Schriftstelle ist Gen 49,10: *non auferetur sceptrum de Iuda et dux de femoribus eius donec veniat qui mittendus est et ipse erit exspectatio gentium* – „Es wird das Zepter von Juda nicht weichen noch der Stab des Herrschers von seinen Füßen, bis dass der Held komme, und ihm werden die Völker anhangen." In dieser Antiphon werden also das Davidshaus und die Schlüsselmetapher zusammengebracht.

Die öffnende und schließende Funktion wird vor dem Hintergrund von Jes 42,7, dem ersten Lied vom Gottesknecht, im „Veni"-Teil besonders ausgeführt. Dort wird als Bestimmung des Gottesknechtes angekündigt: *ut aperires oculos caecorum et educeres de conclusione vinctum de domo carceris sedentes in tenebris* – „... dass du die Augen der Blinden öffnen sollst und die Gefangenen aus dem Gefängnis führen und, die da sitzen in der Finsternis, aus dem Kerker".

Auch in den Psalmen erscheint diese Perspektive bereits: Im Psalm 106 (107) heißt es in den Versen 10 und 14: *sedentes in tenebris et umbra mortis vinctos in mendicitate et in ferro* bzw. *et eduxis eos de tenebris et umbra mortis et vinculum eorum disripuit* – „Die da sitzen mußten in Finsternis und Dunkel, gefangen in Zwang und Eisen" bzw. „... und führte sie aus Finsternis und Dunkel und zerriss ihre Bande."

Entsprechendes Handeln ist im Benedictus aufgegriffen: *illuminare his qui in tenebris et in umbra mortis sedent ad dirigendos pedes nostras in viam pacis* – „... auf dass er erscheine denen, die da sitzen in Finsternis und Schatten des Todes, und richte unsere Füße auf den Weg des Friedens." (Lk 1,79).

Zusammenfassung

In dieser Antiphon geht es um die Befreiung aus Fesseln und aus Finsternis. Die Erlösungstätigkeit wurde christlicherseits personalisiert und auf den Messias hin gedeutet. Das zeigt besonders die Aufnahme des Motivs als messianische Schlüsselstelle bei Mt 4,16: „... das Volk, das in Finsternis saß, hat ein großes Licht gesehen; und die da saßen am Ort und Schatten des Todes, denen ist ein Licht aufgegangen." Auch hierüber wird eine christologische Brücke zu Jes 42,7 geknüpft.

DEUTUNGSPERSPEKTIVEN

Mit dem „Schlüssel Davids" hat der Dichter ein weiteres Bild des Alten Testamentes als Grundlage für sein Sehnsuchtslied gewählt. Im Bild will er unsere Sehnsucht wecken und unsere eigenen Erfahrungen wachrufen. Und wer kennte nicht aus seinem Leben die Nachterfahrung, wo der Tyrann Finsternis heißt; wer kennte nicht die Fessel, wo der Tyrann Zweifel heißt; und wer kennte nicht den Tyrannen der Depression und den Tyrannen der Einsamkeit? Das sind starke und oft langanhaltende Erfahrungen, die aus dem Bild des Schlüssels, der in falschen Händen liegt, wach werden. Die ganze Geschichte von Fidelio, die uns Beethoven als Oper geschenkt hat und dessen Chor der Gefangenen zum Kern des Werkes gehört, beleuchtet diesen Horizont auf eigene Weise. Die Griechen haben für diese Erfahrungen einen eigenen Ort gewusst, den Hades, das Haus, in dem der Schatten der Vergeblichkeit, die Freudlosigkeit des plötzlichen Anblicks des „Nichts", das Aus-dem-Licht-Fallen und das Sehnen nach dem Nicht-Sein zu Hause war.

Aber der Dichter der Antiphon ist hier nicht stehengeblieben. Er nennt die Geschichte, weil sie einen Eljakim kennt, der von dieser Not der Tyrannei erlöst. Dazu stellt er uns die Bilder in persönlicher Anrede vor, damit wir sie, wenn wir in ihnen unsere Situation wieder genauer und klarer gesehen und erkannt haben, auf den ankommenden Christus beziehen. Aber der Ankommende, von dem gesagt wird, ihm sei alle Macht gegeben im Himmel und auf Erden, von dem gesagt wird, er habe uns am Kreuz erlöst und sei hinabgestiegen in das Reich des Todes (eben jenen vorher genannten Hades!), um heraufzuführen, die in Finsternis und Todesschatten sitzen, wird nicht helfen von außen her. Das wäre die billige Ersatzgottlösung. Er wird nicht helfen, wenn wir das unbeteiligt nacherzählen. Aber er wird helfen und seine Machtfülle wird zu unserem Heil wirken, um uns von den diesseitigen Erfahrungen des Hades und von dem allgewaltigen Tod erretten, wenn wir ihn persönlich anrufen, wenn wir bemüht sind, den Kontakt zum großen Du zu finden. Es geht vor Weihnachten und im Angesicht von Weihnachten darum, die eigene Situation anzuerkennen und in Augenschein zu nehmen, anstatt sie zu verdrängen oder zu verherrlichen. So singen wir: „Nun komm, Du, und befreie uns aus dem Kerker unserer eigenen Nacht, nun komm, Du, und säume nicht länger und führe uns aus dem Schattenreich in das Licht Deiner Freude.“ Ob wir das singend ersehnen oder ob wir uns in der Ikone vom Herabstieg Christi in die Unterwelt (Anastasis) selbst als Adam wiedererkennen oder singen: „Heut schließt Du wieder auf die Tür zum schönen Paradeis“ (GL 247, 4. Strophe), im Lichte des so in uns Neugeborenen können wir es neu mit der Nacht aufnehmen. Denn wann anders ist er angekommen als in der tiefsten Nacht?

Lassen wir uns von dem Stern von Bethlehem, der ein Stern in dunkler Nacht ist, auch heute noch, aufschließen, weil er über allem steht, was wir erleben. So lädt uns das Lied dringender denn je ein, singend in die Bitten einzustimmen: Nun komm, du Heiland der Welt, nun komm, du Erlöser der Völker, nun komm, du Retter der Welt.

ANFRAGEN

Die Antiphon ruft aus der Todeserfahrung nach der Macht, die wie die Strahlen der Sonne in der Finsternis befreiend wirkt und so mit königlicher Autorität aus der Todesangst herausführt. Damit stellt sie uns auch Fragen:

- Machen wir dicht oder lassen wir uns auch aufschließen?
- Wie gehen wir mit den Schlüsseln um, die uns Verfügungsgewalt geben?
- Kann ich mich aus meinen Kerkern der Sinnlosigkeit, den Finsternissen meiner Einsamkeit und dem Todesschatten der Depression herausführen lassen?
- Kann ich Hilfe annehmen? Haben wir die Hoffnung, dass im Kontakt mit dem großen Du er uns vor den Kerkern retten kann?
- Erwarte ich Erlösung und Heil von mir oder auch durch den Schlüssel des Kreuzes?

5. Die Antiphon „O Oriens“

(21. Dezember)

Ad Magnificat

O Morgenstern,
Du Glanz des ewigen Lichtes,
Du Sonne der Gerechtigkeit;
nun komm und erleuchte,
die sitzen in Finsternis
und Todesschatten.

Diese Antiphon setzt in gewisser Weise die vorige fort, da ihr zweiter Teil mit dem ihres Vorgängers identisch ist. Sie ist geprägt durch die Lichtmetapher. Es ist aber wichtig zu sehen, dass mit *oriens* in der lateinischen Bibel eigentlich ein Spross gemeint ist. Dies lässt sich gut z. B. an Sach 6,12 zeigen. In der Vulgata lautet der Vers: *Et loqueris ad eum dicens haec ait Dominus exercituum dicens ecce vir oriens nomen eius et subter eum orietur et aedificabit templum domino.* In der Luther-Übersetzung, die auf den hebräischen Text zurückgreift, ist der Vers so übertragen: „und sprich zu ihm: So spricht der Herr Zebaoth: Siehe es ist ein Mann, der heißt ‚Spross', denn unter ihm wird's sprossen, und er wird bauen des Herrn Tempel". Die griechische Bibel, die Septuaginta, liest das hebräische Wort *zämach* für „Spross, Sprössling", aber als *anatolē*, als „Aufgang", was im Lateinischen dann mit *oriens* wiedergegeben wird. Die Aufwärtsgerichtetheit verbindet beide Begriffe: So wird aus der Wachstumsmetapher eine Lichtmetapher. Im lukanischen Benedictus kann das *oriens* in Lk 1,78: *per viscera misericordiae Dei nostri in quibus visitavit nos oriens ex alto* – „durch die herzliche Barmherzigkeit unseres Gottes, durch welche uns besucht hat der Aufgang aus der Höhe" in beide Richtungen gedeutet werden.

In dieser Antiphon fehlt nach der ersten O-Anrede der relative Anschluss mit „qui". Es folgt die direkte Ausführung der Anrede mit dem Wort *splendor.* Das Kommen Gottes ist immer von „Lichtglanz" begleitet, denn dem Licht eignet stets ein epiphanes Moment; es ist damit ein typisch weihnachtliches Motiv. Die Formulierung *Splendor lucis* findet sich zwar so nicht in der Vulgata, aber die Schlüsselstelle dazu ist Jes 60,3: *Et ambulabunt gentes in lumine tuo et reges in splendore ortus tui.* – „Und die Heiden werden zu deinem Lichte ziehen, und die Könige zum Glanz, der über dir aufgeht." Immerhin nimmt diese Stelle drei Kernworte der Antiphon auf: das Licht, den Glanz und das Aufgehen. Auch der Psalm Habakuks (Hab 3,4) betont das Licht als

Moment des Kommens: *Splendor eius ut lux erit cornua in manibus eius ibi abscondita est fortitudo eius* – „Sein Glanz war wie Licht. Strahlen gingen aus von seinen Händen. Darin war verborgen seine Macht." Allemal ist die Lichtmetapher ein Altes und Neues Testament verbindendes Bild.

Für *sol iustitiae* ist Mal 3,20 (Vulgata 4,2a) der Schlüsseltext: *et orietur vobis timentibus nomen meum sol iustitiae* – „Euch aber, die ihr meinen Namen fürchtet, soll aufgehen die Sonne der Gerechtigkeit." Hier ist *sol iustitiae* nicht Person, sondern das Gerechtigkeit stiftende Tun Gottes.

Der Schluss der Antiphon greift die Bitte aus der Antiphon „O Clavis David" nahezu wortwörtlich auf, ersetzt aber das *educ* – „führe heraus" durch das die Lichtthematik fortführende *illumina* – „erleuchte".

Zusammenfassung

In der Antiphon ruft die Sehnsucht aus der Todesverfallenheit besonders nach Gerechtigkeit, sie weckt die Sehnsucht nach einer ungebrochenen, heilen, geheilten Daseinsweise.

DEUTUNGSPERSPEKTIVEN

Der Dichter unseres fünften Liedes wählt zum ersten Mal kein Bild aus dem Alten Testament, sondern eine Naturerscheinung. Er weiß um die Möglichkeit, Zugang zu Göttlichem zu finden durch übendes Anschauen dessen, was die Dinge uns mitteilen. Beim Morgenstern geschieht dies ganz unmittelbar. Der Morgenstern – als Planet die Venus – geht der Sonne am Morgen vorauf und am Abend hinterher. Sein Licht ist klar und funkelnd, er ist, wie die Morgendämmerung, untrügliches Vorzeichen, dass die Nacht vorbei ist, und Herold für die Sonne und deren Regentschaft über den Tag.

„O Oriens". Was könnte besser die Lichtthematik der Antiphon verdeutlichen und ins anschauliche Bild bringen als das kreisrunde Gold, der Sonne, die unser Leben ermöglicht, abgeschaut. Es leuchtet vor dem weißen Hintergrund besonders strahlend und bricht durch alle durch die violett-braunen Flächen gekennzeichneten Dunkelheiten der Vergangenheit (links) der Zukunft (rechts) und durch alles Elend der Gegenwart (unten) hindurch.

Mit „Glanz des ewigen Lichtes“ führt uns der Dichter im nächsten Schritt über die Naturerscheinung hinaus zu dem, was der Morgenstern uns mitteilen kann. Der Glanz, das Strahlen ist eine Erscheinung, die den Gegenstand über sich hinaushebt und ihn als Künder einer inneren, geschauten Welt versteht. Diese Welt, von der der Morgenstern Kunde gibt, ist eine unversehrte, eine integre, eine heilige und geheilte, eine ungebrochene und vollständig wiederhergestellte Welt. Nicht umsonst wird *aeterna* im deutschen Text dieser Antiphon traditionell mit „unversehrt“ wiedergegeben. Hier wird also vom Dichter aus der Ansicht des Morgensterns unsere Sehnsucht erweckt nach eben jener ungebrochenen heilen, geheilten und in seiner Gänze wiederhergestellten Daseinsweise, die nicht vom entzweienden Zweifel angenagt ist, die nicht zwischen Gut und Böse schwankt.

Im dritten Schritt spricht der Dichter von der „Sonne der Gerechtigkeit“ und geht damit von der Sonne selbst aus, die uns leuchtet, die uns aber auch in ihrem Lauf ausrichtet und eine Orientierung gibt. Sie ist für den Dichter Mitteilungsorgan für die Existenz des neugeborenen Christus, der uns für unser Leben als Sonne der Gerechtigkeit mit seiner Barmherzigkeit und seiner Treue eine neue Perspektive, einen wirklichen Durch-Blick gewinnen lässt für jeden einzelnen Tag und darüber hinaus bis zur Vollendung im Reich des ewigen Lichtes.

So zeigt uns das dreifach entfaltete Bild, dass wir in unserem Leben auf einen neuen Tag zugehen, der keinen Abend mehr kennt. Der Morgenstern „Christus“ ist der Herold und Garant dafür. Die Bitte dieser Antiphon ist fast identisch mit derjenigen von „O Clavis David“. Es ist wie eine zweite Chance für uns, im Angesicht von Morgenstern und Sonne unsere eigene Situation – von welcher Nacht auch immer geprägt – in die Hand zu nehmen, anschauen zu lassen und sie der Sonne „Christus“ entgegenzuhalten, singend in die Bitte einstimmend: Nun komm und erleuchte mich, der ich in Finsternis und Todesschatten sitze.

ANFRAGEN

Die Antiphon fragt nach meiner Orientierung:

- Finde ich Zugang zum Göttlichen über die Naturerscheinungen?
- Bin ich auf die Meinung anderer angewiesen oder gehe ich meinen eigenen Weg?
- Kenne ich die Richtung? Woran orientiere ich mich?
- Bin ich ein *anthropos*, ein Mensch, der zum Licht schaut, oder begnüge ich mich mit Bildschirm und Röhre?
- Suche ich Gerechtigkeit (und Wahrheit) auch in den Dingen, will heißen: in der Schönheit?
- Kann ich mich von der Welt, von der der Morgenstern kündet, von einer integren, wiederhergestellten, geheilten, im umfassenden Sinn schönen Welt anrühren lassen?

6. Die Antiphon „O Rex gentium“

(22. Dezember)

O Du König der Völker,
ihr Ersehnter,
Du Schlussstein,
der Du die beiden vereinigst:
nun komm und heile den Menschen,
den Du aus der Erde gebildet hast.

„O Rex gentium“. Alle Attribute des Königtums Christi, die in den Bildnissen aller Zeiten Darstellung finden, sind auch hier versammelt: Das Kreuz, die Krone und die Mandorla, hier ganz in die Lichtfarbe Gold getaucht. Wie im vorigen Aquarell strahlt dieses Königtum durch Zeit und Ewigkeit. Dass es ein Königtum der Gnade und des Erbarmens und nicht des Schreckens ist, zeigt sich in den Strahlen, die von der Stelle der Seitenwunde Christi am Kreuz ausgehen.

Diese Antiphon enthält eine Vielzahl von Bildern: Die beiden Hauptbilder sind der König der Völker und der Schlussstein bzw. Eckstein. Für das Bild vom König der Völker in der ersten Zeile findet sich eine Referenz bei Jer 10,7: *Quis non timebit te, o Rex gentium tuum est enim decus inter cunctos sapientes gentium et in universis regnis eorum nullus est similis tui"* – „Wer sollte dich nicht fürchten, du König der Völker? Dir muss man gehorchen, denn unter allen Weisen der Völker und in allen ihren Königreichen ist niemand dir gleich." Hier geht es um die Auseinandersetzung des Gottes Israels mit den anderen Göttern. So wird in anredender Preisungsform die Herrschaft Gottes nicht nur über Israel, sondern über die Völker verkündet. Es ist im Übrigen die einzige Stelle, die Gott als König der Völker tituliert. Zusätzlich ist ein Weisheitsbezug gegeben (s. Antiphon „O Sapientia"). Wir beobachten, dass hier der Titel sogar mit dem „O" verbunden ist. Das „O" dieser Antiphon stammt also eigentlich nicht vom Verfasser der O-Antiphonen, sondern ist hier sogar selbst biblisch. Die entsprechenden Wortteile weist auch Psalm 95,10 auf: *dicite in gentibus, quia Dominus regnavit …* – „Sagt unter den Heiden, der Herr ist König, Er hat den Erdkreis gegründet, dass er nicht wankt. Er richtet die Völker recht." Es ist aber bedeutsam, dass in dieser Antiphon aus Gott als dem Angeredeten jetzt Christus zum Angesprochenen wird!

Das *et desideratus earum* der zweiten Zeile ist eine Übernahme aus Hag 2,7: *et movebo omnes gentes et veniet desideratus cunctis gentibus et implebo domum istam gloria dicit Dominus exercituum* – „Ja, alle Heiden will ich erschüttern. Da sollen dann kommen aller Völker Kostbarkeiten, und ich will dies Haus voll Herrlichkeit machen, spricht der Herr." So wird hier fortgeführt, was im obigen Zitat schon anklang: Die endzeitliche Tributzahlung der Völker ist ein Zeichen der Israel übergreifenden Universalität der Gottesherrschaft.

Das Bild vom Eckstein hat sein Vorbild in Jes 28,16: *idcirco haec dicit Dominus Deus ecce ego mittam in fundamentis Sion lapidem, lapidem probatum angularem pretiosum in fundamento fundatum qui crediderit non festinet* – „Darum spricht Gott der Herr: Siehe ich lege in Zion einen Grundstein, einen bewährten Stein, einen kostbaren Eckstein, der fest gegründet ist. Wer glaubt, der flieht nicht" (griechische Übersetzung: „wird nicht zuschanden"). Dieses Bibelzitat ist damit über die Zionsperspektive mit den obigen verknüpft. Dieses Zitat deutet bereits 1 Petr 2,6 christologisch: „Darum steht in der Schrift: ‚Siehe, ich lege einen auserwählten, köstlichen Eckstein in Zion; und wer an ihn („in eo" ist Hinzufügung!) glaubt, wird nicht zuschanden werden.'" Hier wird der Stein also personalisiert und seine Bedeutung auf Christus umgedeutet. Das geschieht ebenso wie schon vorher bei den Antiphonen „O Radix", „O Clavis" und „O Oriens".

Wie eine Zusammenfassung liest sich Eph 2,20: *superaedificati super fundamentum apostolorum et prophetarum ipso summo angulari lapide Christo Jesu* – „... erbaut auf dem Grundstein der Apostel und Propheten, da Jesus Christus der Eckstein ist." Hier wird die aus Jes 28,16 entnommene Metapher ausgeweitet: Der Eckstein wird zum Schlussstein. Ähnlich wurde in der mittelalterlichen Architektur die Bedeutung des Ecksteins übertragen auf den Schlussstein des Gewölbes: Der Gewölbeschlussstein wurde mit einer Darstellung des Antlitzes Christi oder mit einem Christussymbol versehen.

Dadurch, dass dieses Bildwort sowohl bei Jesaja als auch bei Paulus verwendet wird, erhält es besonderes Gewicht und besondere Aussagekraft. Dies unterstreicht die nächste Zeile der Antiphon: Das *qui facis utraque unum* ist als einziges Textelement der ganzen Antiphonen-Reihe dem Neuen Testament entnommen. Wir finden es in Eph 2,14a: *ipse est enim pax nostra, qui fecit utraque unum* – „Denn er ist unser Friede, der aus beiden eins gemacht hat ..." Diese Stelle ist im Zusammenhang des gesamten Abschnitts Eph 2,11–22 zu sehen, der von der in Christus möglichen Einheit von Juden und Christen handelt. Es ist eine jüdisch-christliche Ekklesiologie und ein Hymnus auf den Christus, der durch sein Sterben die trennende Wand niederriss. Das bedeutet allerdings auch, dass eine Völkertheologie nicht ohne Israeltheologie möglich ist!

Das wird nun im Rückblick auch in den Antiphonen selbst deutlich. Die erste Antiphon spricht von der Präexistenz Christi vor der Schöpfung, die zweite Antiphon von der Erlösung Israels und die dritte Antiphon von der Erlösung der Völker. Andersherum gesagt: Das Christentum hat die Israeltheologie universalisiert. Deswegen steht nun bei *veni* explizit als Ergänzung *salva hominem* – „heile den Menschen". Als Referenzstelle kann dabei die Schöpfungserzählung Gen 2,7 gelten: *formavit igitur Dominus Deus hominem de limo terrae* – „Da machte Gott der Herr den Menschen aus Erde vom Acker ..."

Zusammenfassung

Die Antiphon „O Rex gentium" ruft also nach dem, der die Entfremdung der Menschen aufzuheben vermag und eine neue Einheit und Gemeinschaft in einem neuen Frieden stiftet.

DEUTUNGSPERSPEKTIVEN

Könige und die Erfahrungen mit ihnen durchziehen die ganze Menschheitsgeschichte, nicht nur die des Alten Testamentes. Könige werden verehrt oder gestürzt, weil sie dem, was die innerste Sehnsucht der Menschen von ihnen erwartet, entweder entsprechen oder versagen. Das Königsbild ist aber trotz aller Unbeständigkeit menschlicher Herrschaft zentral mit dem Heil der Menschen verbunden, für die der König da ist. Sein Königszeichen, die Krone, ist dabei eigentlich nichts anderes als ein Antennensystem, das ihn mit dem verbindet, der im tiefsten Sinne unser Heil will, der durch seine Ankunft die Welt heiligen wollte. Es bleibt deswegen der König auch in glanzlosen Zeiten ein Bild der Seele, ein Hoffnungsbild des Menschen, ein Sehnsuchtssymbol der wartenden Menschheit. Deswegen verwundert es nicht, dass auch unser Dichter der Sehnsuchtslieder auf dieses Bild zurückgreift, uns einlädt, wieder und wieder mit diesem Bild Kontakt aufzunehmen und es auf den ankommenden Christus anzuwenden. Man beachte aber eine kleine, jedoch wesentliche Nuance. Es heißt in diesem Lied nicht: Der Christus als König der Völker ist unsere Sehnsucht und Erwartung. Was die ganzen Antiphonen durchzieht und alle Gesänge bis hierher, ist die Einladung, singend und preisend einzustimmen in die Anrede: Du bist meine Erwartung, Du bist meine Sehnsucht! Weil dieses Du den Kontakt schafft, erst den Bezug ermöglicht, erst eine Verbindung eröffnet, aus der heraus ein Weihnachten wirklich werden kann. In den Liturgien der Weihnachtstage begegnen wir dieser Königssymbolik immer wieder. So in der ersten Antiphon „Rex pacificus" der ersten Vesper von Weihnachten, beim Introitus „Lux fulgebit" der zweiten Weihnachtsmesse, bei dem Introitus „Ecce advenit" von Erscheinung des Herrn bis hin zu den Heiligen Drei Königen, die ja nichts anderes als diese Sehnsucht auf den Weg bringt.

Wenden wir uns nun der Betrachtung des Titels „Schlussstein, der die beiden zusammenhält" zu. Dieses Bild wirkt vielfältig. Es weckt Vorstellungen von Stabilität, von Festgefügtsein, von etwas, das nicht wankt und schwankt, aber auch von einer Kraft, die in sich ruht, die deswegen Gegensätze und Spannungen einen kann, ohne sie aufzulösen oder einfach beiseite zu schieben. Eine Kraft, die als Schlussstein einer Kuppel – wohl dann in dynamischer Weise – die beiden Wände zu einem Gebäude fügt. Alle diese Vorstellungen prägen unser Leben, aber immer sind sie doch gebrochen und angeknackst. Aber wer Durst nach Leben hat und ihn sich nicht von Firmen, die damit Reklame machen, abkaufen lässt, gibt sich mit der Gebrochenheit nicht zufrieden und wird weitersuchen. Es ist wie das wunderbare Bild der Brieftaube, das uns Christian Morgenstern für unser Leben überliefert hat: Die Brieftaube wird ausgesetzt am fremden Ort und ihr Weg führt sie zurück zu ihrem Ausgangspunkt, und keine Macht und keine Gefahr wird sie von diesem Wege mehr abbringen können. Sie wird müde zu Boden fallen und sich doch wieder erheben und weiterfliegen, weil ihr Ziel in ihr fest verankert ist. Deswegen ist der Beginn der Suche der erste Schritt zum Finden.

Diese Suche kann neu beginnen mit der Anrede und der Bitte an den immer wieder neu ankommenden König der Völker: Mache Du das gebrochene Herz ganz, eine Du die Kräfte, die in uns auseinanderdriften, heile Du als König der Völker, der Du vom Thron des Vaters als Mensch zu uns kommst – nah und erhaben – Dein Geschöpf; kräftige mit Deiner Kraft von oben den Adam, den Du aus der Erde geschaffen hast, und rette Dein Bild.

ANFRAGEN

Die Antiphon ruft nach dem, der die Entfremdung des Menschen aufzuheben und zu heilen vermag in neuer Kommunion und friedvoller Kommunikation. Die Antiphon ist damit auch Anlass, uns nach dem zu fragen, was uns fremd ist. Und auch, wem wir entfremdet sind:

- Welches sind meine Könige? Bin ich selber ein König, der seine Krone als Antenne zum Schöpfer versteht? Sehe ich auf IHN, wenn es um Bezug, Verbindung geht?
- Wären wir nicht Könige, wenn wir uns auf den Weg der Heiligen Drei Könige machten? Welche Gaben werden wir ihm bringen?
- Können wir den wahren König bitten: Mache das vertrocknete Herz wieder ganz, eine die Kräfte, die auseinanderdriften?

7. Die Antiphon „O Emmanuel“
(23. Dezember)

O Emmanuel,
Du unser König und Gesetzgeber,
Du, nach dem die Völker Ausschau halten,
Du, ihr Heiland,
nun komm, heile uns,
Herr, unser Gott.

Für den Namen Emmanuel, den diese Antiphon als Anrede wählt, ist die Weissagung in Jes 7,14 die Referenzstelle: *propter hoc dabit Dominus ipse vobis signum ecce virgo concipiet et pariet filium et vocabitis nomen eius Emmanuhel.* – „Darum wird euch der HERR selbst ein Zeichen geben: Siehe eine Jungfrau ist schwanger und wird einen Sohn gebären, den wird sie nennen Immanuel."

Diese Stelle wird in Mt 1,23 christologisch gedeutet. Der Evangelist macht dadurch deutlich, dass Jesus in der Davidstradition steht. Er ist der „Immanuel", der „Gott mit uns". Bei Jes 8,8 finden wir den Titel der Antiphon sogar mit dem „O": *et erit extensio alarum eius implens latitudinem terrae tuae o Emmanuhel* – „Und sie werden ihre Flügel ausbreiten, dass sie dein Land, o Immanuel, füllen, so weit es ist."

Die Belegstelle für *rex et legifer* findet sich bei Jes 33,22: *Dominus enim iudex noster Dominus legifer noster Dominus rex noster ipse salvabit nos.* – „Denn der HERR ist unser Richter, der HERR ist unser Meister, der HERR ist unser König; der hilft uns!" Die Gottestitel münden ins Heil, sie führen zum *salvator,* zum „Heiland". Für die Bedeutsamkeit von *salvator* und *salvare* finden sich natürlich viele weitere Stellen. Hier seien nur einige genannt, ohne sie im Einzelnen wiederzugeben: Für das Alte Testament bleibt besonders Jesaja zentral, siehe Jes 63,1, Jes 35,4 oder Jes 62,11; für das Neue Testament sei auf Lk 7,3 verwiesen.

Es ist dabei zu beachten, dass es Israel ist, das in der zitierten Stelle von *noster* spricht! Aber durch die Zitation entsteht ein neues Subjekt, die Sänger der Antiphon, die sich nun expressis verbis an die Seite Israels stellen. Sie sprechen mit den Worten Israels, reden aber den Messias Christus an. Für sie ist nun Christus *legifer* der Thora und des neuen Gesetzes. Hier sind über die Begriffe *legifer* und *rex* Rückbezüge auf die zweite, dritte und sechste Antiphon eingefügt.

„O Emmanuel". Nun ist alles Braun und Violett verschwunden, die Lichtfarbe Gold in Krone und siebenarmigem Leuchter, die Geistesfarbe Blau, die nun die ganze Schöpfung durchzieht und die Grünkraft des Lebens beherrschen das Bild, das damit von einem Frieden kündet, den wir selbst nicht machen können, den wir uns schenken lassen dürfen von dem, der am nächsten Tag, am Vorabend von Weihnachten in der Vesper als „Rex pacificus" besungen werden wird.

Es bleibt *exspectatio gentium* zu referenzieren. Wir finden die entsprechende Stelle im Jakobssegen von Gen 49,10, der schon in der vierten Antiphon angeklungen war: *non auferetur sceptrum de Juda et dux de femoribus eius donec veniat qui mittendus est et ipse erit exspectatio gentium.* – „Es wird das Zepter von Juda nicht weichen noch der Stab des Herrschers von seinen Füßen, bis dass der Held komme, und ihm werden die Völker anhangen." Das folgende *salvator earum* ist natürlich eine dichterische Transformation, denn die Wortkombination *salvator gentium* findet sich nicht in der Vulgata. Auch das *salvabit nos* in der oben zitierten Stelle Jes 33,22 bezieht sich ausschließlich auf Israel, wird aber in der Antiphon wieder auf die Christen, ja auf die gesamte Menschheit übertragen. Denn Christus hat die Scheidewand zwischen den erwählten Juden und den außenstehenden Heiden niedergerissen. Dieses Niederreißen bezieht sich aber nur auf das Empfangen des Heils, es heißt nicht, dass Israel als selbstständige Größe aufgehört hätte. Aber das Heil kommt von daher: Christus bewirkt, dass die *salvatio Israel* zur *salvatio gentium* werden kann. Das Heil Israels steht außer Frage.

Das anschließende *veni* – „komm" überführt nun die Bitte dessen, was im anredenden Titel zum Ausdruck kommt. Die Antiphon weist aber mit der Anrede *Domine Deus noster* eine formale Besonderheit auf, die deutlich macht, dass es sich um einen bewusst geplanten Abschluss der Antiphonenreihe handelt. Sie schließt mit dem, womit alle Antiphonen begannen: mit einer Anrede. Das *Domine* steht dabei für das griechische *Kyrios,* das seinerseits für das Tetragramm steht. Hier ist also in lateinischer Form die Gottesanrede aus der zweiten Antiphon („O Adonai") wieder aufgenommen, das *„Deus noster* steht für das hebräische *elohenu,* d. i. „unser Gott"! Aber wie dort: Mit der Gottesanrede ist Christus, der Gottessohn, angesprochen. Das ist durchgängiges Kennzeichen der Antiphonen: Überall, wo Gott sich den Menschen offenbart, tut er es in Jesus Christus.

Theologie, Christologie, Eschatologie und Israeltheologie stehen für den Verfasser der Antiphonen unter der einheitlichen Konzeption göttlicher Heilsökonomie. Sie entwickeln sich auseinander und sind nicht voneinander zu trennen. Das ist das Faszinierende und zugleich Typische an den O-Antiphonen, dass sie die Israeltheologie mit der Christologie und zugleich auch mit der Eschatologie zusammensehen. Das weiterhin Faszinierende ist, dass – mit Ausnahme des Titels „Emmanuel" – auf der Wortebene nichts spezifisch Christliches festzustellen ist. Weder erscheint der Name Christus noch die Bezeichnung Messias. Dafür zitieren die O-Antiphonen zweimal Israel sowie alttestamentliche Begriffe und Namen. Außerdem stammen alle Zitate – es war das Anliegen, dies deutlich zu zeigen – aus dem Alten Testament. Aber alle Namen erhalten ihren Sinn von einem Brennpunkt her, der weder im Alten Testament noch in den Antiphonen genannt wird: Jesus Christus! Die unterschiedlichen Titel und Ebenen treffen sich nur in Jesus Christus.

Die O-Antiphonen sind urchristlicher Text. Seine Christologie ist aber nur in Verbindung mit der israelitisch-jüdischen Tradition zu treiben. Das Heil kommt von den Juden. Zugang zum Heil Israels gibt es für die Völker über Jesus Christus. Aber wir dürfen uns auch in die Verheißungen hineingenommen wissen, die dem Volk Israel gelten.

DEUTUNGSPERSPEKTIVEN

Unser letztes Sehnsuchtslied – es ist das zum 23. Dezember – ist wie eine Zusammenfassung und eine Krönung aller bisherigen. Der neue Titel *Emmanuel,* übersetzt „Gott ist mit uns", bringt uns das zweite Lied „O Adonai" in Erinnerung – jetzt aber noch deutlicher in die Perspektive der Begleitung gehoben. Einer, der da ist, auch wenn wir ihn nicht wahrnehmen; der da ist, wenn

Zweifel nagen; der beständig da ist, wenn das Unbeständige in uns wieder die Oberhand gewinnen will; der da ist und begleitet als der Treue in aller erfahrenen Untreue. Dieser „Emmanuel“ umfasst alle Zeiten: Diesen Namen rufen alle, die in ihrer Geschichte erfahren haben, dass Er sie zusammen mit ihnen schreibt, ihn rufen alle, die Ihn heute als gegenwärtig in liturgischer Feier erfahren und ihn rufen alle, die in der Hoffnung leben, dass Er mit uns sein wird als das große Du.

Die weiteren Hoheitstitel dieser Antiphon sind wie eine Erinnerung an die vorangegangenen Lieder. Es ist jetzt die Ernte all jener Sehnsüchte, die sich in den sieben Tagen der Erwartung vor der Ankunft ausbuchstabieren durften und differenzieren konnten. So wird der Reichtum des Geschenkes an Weihnachten neu erfahren, welches uns Christus in seiner Ankunft macht. Ein König, der unsere Friedenssehnsucht stillt, ein Gesetzgeber, der uns ein neues Gesetz gibt: „Liebt einander, wie ich euch geliebt habe“ (vgl. Joh 15,12), einer, der nicht unsere Erwartungen erfüllt, sondern selbst die Erwartung ist und ein Heiland, der uns aus der Zerrissenheit dieser Welt in sein himmlisches Reich beruft.

Wie wach und aufmerksam unser Dichter die Gesamtheit der sieben Lieder gewirkt hat, wird nun am Ende darin offenbar, wie er das siebte Lied schließt: mit der Anrede „Du unser Herr und unser Gott“. Das war ja auch das Ziel unserer übenden Bemühung – dass wir am morgigen Heiligen Abend und immer wieder neu den Neugeborenen begrüßen können: „Du, mein Herr und mein Gott“. Nicht einfach, weil es Tradition ist, sondern weil es neu eingeübt ist und nun aus meinem Inneren mitsamt allen Sehnsüchten darin – gesungen – herausquillt.

ANFRAGEN

Die Antiphon ist ein Ruf nach dem göttlichen Heiland, der in der Unbeständigkeit der Welt ersehnt wird als Garant einer neuen Ordnung in Frieden und Gerechtigkeit:

- Kann ich den Emmanuel als meinen Begleiter suchen und erfahren?
- Kann meine Sehnsucht nach Frieden und Gerechtigkeit neue Nahrung aus dieser Begleitung schöpfen?
- Kann ich dieses Jahr zum Neugeborenen sprechen: „Du mein Herr und mein Gott"?

III. DIE KOSMISCHE DEUTUNG

Die Erschließung der Texte hat uns auf zu einem differenzierteren Verständnis der menschlichen Sehnsucht geführt. Es stellt sich nun die Frage, ob eine Systematik dahintersteckt. Warum sind es gerade sieben Antiphonen? Diese Frage stellte auch Amalar von Metz, bei dem wir die O-Antiphonen zuerst gefunden haben. Er beantwortet die Frage dahingehend, dass er je einer der Antiphonen eine der sieben Gaben des Heiligen Geistes zuordnet. Unter Berücksichtigung der Zahl Sieben mag aber auch der Gedanke nicht von der Hand zu weisen sein, dass möglicherweise mit den sieben O-Antiphonen auf die sieben Planeten Bezug genommen wird. Denn es ist auffällig, dass der Herbeigerufene in einigen der sieben Antiphonen expressis verbis als Lichterscheinung verstanden wird. Da die nach mythischen Planetengottheiten benannten sieben Planeten bis heute Namensgeber sind für die Wochentage, liegt es nahe, zu untersuchen, ob nicht die einzelnen Antiphonen einem der Wochentage zugeordnet sind.

1. DIE PLANETENWOCHE

Das Bewusstsein, dass jeder Tag im Wochenzyklus durch seine Unterstellung unter eine Planetengottheit seinen eigenen Charakter hat, war im Römischen Reich seit dem ersten vorchristlichen Jahrhundert ausgeprägt, und es gibt zahlreiche Zeugnisse davon. Die Kirche hat in Predigten und auf Synoden immer wieder gegen den abergläubischen Gebrauch Stellung bezogen. Von solchem Aberglauben zu unterscheiden ist aber das Gespür für den Rhythmus der Woche und die Eigenprägung der einzelnen Wochentage, die in deren Namen zum Ausdruck kommt.

So schreibt Clemens von Alexandrien: „Unter den sieben Tagen ist die Bewegung der sieben Planeten zu verstehen sowie jegliche Art tätiger Bemühung, die das Ziel der Ruhe erstrebt. Die Reise jedoch, die über die Wandelsterne hinausgeht, führt zum Himmel, d. h. zur achten Bewegung und zum achten Tag."

Ich lade im Folgenden ein, diesen möglichen Zusammenhang einmal näher anzuschauen. Es besteht natürlich keine Notwendigkeit, diesen Zusammenhang zu sehen. Es geht hier mehr um ein Erspüren als um ein Erkennen, um ein Denken in Analogien, nicht um ein Denken in Notwendigkeiten. Dazu ist zunächst ein kleiner Exkurs zu den Planeten angebracht.

Bevor wir zu zeigen versuchen, dass hier offenbar eine Entsprechung vorliegt, ist es nötig, sich zu den Planeten und ihren Namen einiges in Erinnerung zu rufen. Das Wort „Planeten" entstammt dem Griechischen. Die Griechen nannten jene Sterne, die sich in festen, aber teilweise nicht in kreisförmigen Bahnen am Himmel bewegen, *planetoi* – also die am Himmel Umherirrenden. Zu ihnen gehören in der Reihenfolge ihrer Entfernung von der Erde Saturn, Jupiter, Mars als solche, die sich – von der Erde aus betrachtet – hinter der Sonne bewegen, dann die Sonne selbst und darüber hinaus Venus, Merkur und Mond als jene, die sie vor der Sonne sich bewegend sahen. Uranus, Neptun (und Pluto, der zunächst als neunter Planet des Sonnensystems galt, aber inzwischen nicht mehr als „Planet" klassifiziert wird) wurden erst in der Neuzeit entdeckt. Allen ist gemeinsam, dass sie und nur sie sich – von uns aus gesehen – in festen Bahnen um die Erde bewegen. Das gilt, ungeachtet der kopernikanischen Wende, für unsere Erfahrung auch heute noch: Immer neu gehen bei Tag die Sonne und des Nachts die übrigen Planeten im Osten auf und im Westen unter. Wer die Planeten kontinuierlich beobachtet, wie das in den klaren und früher noch nicht elektrisch erleuchteten Nächten des Vorderen Orients weit besser möglich war – ihre Eigenart und Helligkeit, die Färbung ihres Lichtes, ihre Größe, die Schnelligkeit und die Vor- oder manchmal auch Rückläufigkeit ihres Wandels von einem Sternbild zum anderen, aber auch ihr Zusammenspiel – wer das alles über längere Zeit verfolgt und sich einprägt, der mag wohl den Eindruck eines (wie die Alten sagten) himmlischen Schauspiels gewinnen. Das war eigentlich richtiges und echtes Fernsehen.

Schauen wir nun im Einzelnen nach, ob es uns gelingt, ein „Tertium comparationis" zu finden, einen Begriff, der einen Zusammenhang zwischen den Planeten und den O-Antiphonen zu stiften in der Lage ist.

Saturn ist der letzte der sichtbaren Planeten. Er deutet damit die Grenze des Lebensbereiches an. Sein Licht ist matt. Er geht nur langsam voran und benötigt für einen Umlauf um die Sonne knappe dreißig Jahre. Saturn kann so als Prinzip der Begrenzung des Lebens verstanden werden. Begrenzung bedeutet aber gleichzeitig auch Formung, denn ohne Grenzsetzung gibt es keine Ordnung, gibt es keinen Weg. Ohne Grenze verliert sich alles. So meint Saturn die oft leidvolle, aber doch auch notwendige Erfahrung der Grenze auf dem Weg des Reifens zur Weisheit und Klugheit. Es ist nun nicht schwer, in der ersten O Antiphon „O Sapientia" den Ruf nach der positiven heilenden Kraft des Saturn zu entdecken. Im Übrigen ist es nicht uninteressant, dass mit dem 17. Dezember, an dem diese Antiphon ja gesungen wird, im Alten Rom die Feier der Saturnalien begann, die seit der Kaiserzeit durch sieben Tage hindurch begangen wurde.

Jupiter ist in der Mythologie der höchste der Götter, der Herr des Himmels, der Inbegriff aller Rechtsordnung. Seine Souveränität kommt in dem nach ihm benannten Planeten darin zum Ausdruck, dass er der größte Planet des Sonnensystems ist und zwölf Jahre für seinen Umlauf um die Sonne benötigt, so viele Jahre wie das Sonnenjahr der Erde Monate hat. Demnach lässt sich das Jupiterjahr als ein Jahr höherer Ordnung verstehen. Man könnte also sagen, dass Jupiter das Streben des Menschen nach einer neuen, besseren Weltordnung bezeichnet. Das darf durchaus korrespondierend gesehen werden zu jener Gottesherrschaft, nach der wir in der zweiten Antiphon „O Adonai“ rufen.

Der Planet **Mars** ist nach dem römischen Kriegsgott Mars benannt. Sein Lauf um die Sonne ist gekennzeichnet durch seine rasche Bewegung auf die Sonne zu, wobei sein Licht rötlich wird, und durch seine langsame Bewegung von der Sonne weg. Er symbolisiert damit auch die Aggressivität und Vitalität im Menschen, seine Schaffensfreude und Antriebskraft. Diese Vitalität korrespondiert mit dem Spross aus der Wurzel Isais, von dem in der dritten O-Antiphon „O Radix Jesse“ die Rede ist.

Für die vierte O Antiphon „O Clavis David“ war schon deutlich geworden, dass sie nach der **Sonne** ruft, unter deren Strahlen das Leben schlechthin überhaupt erst möglich ist.

Nach dem Morgenstern, der **Venus**, ruft die fünfte O-Antiphon „O Oriens“. Die Venus steht für das Streben nach Ausgeglichenheit, Harmonie, Schönheit und Gerechtigkeit, weil sie ebensolche Bewegungen am Himmel vollzieht. Sie ist als Morgenstern und als Abendstern deutlich der Sonne zugeordnet.

Merkur wandert auf seinem Weg stets zwischen Venus und Sonne einher. Bildlich gesprochen bringt er eine Botschaft von der Venus zur Sonne und eine von der Sonne zur Venus. Er steht damit für alle Fähigkeiten zur Mitteilung, zur Kommunikation, nach der die sechste Antiphon „O Rex gentium“ ruft.

Noch mehr als bei allen anderen Planeten ist uns bewusst, dass der **Mond** kein eigenes Licht hat, dass sein Licht vielmehr Widerschein des Lichtes der Sonne ist. Über dem Mond – so verstanden die Alten das große Zeichen von Offb 12,1 ff. – erscheint die Frau, die den Emmanuel gebären sollte, das Zeichen der ersehnten Gottesherrschaft, unsere Hoffnung in dieser Welt.

2. DEUTUNGSPERSPEKTIVEN

So könnten wir nun sagen, dass sich das in den O-Antiphonen artikulierende Rufen durch alle Kräfte des Kosmos hinzieht und zugleich deutlich macht, dass der Mensch in die ganze Schöpfung eingebunden ist. Hier wird der Titel des Buches offenbar: „Die ganze Schöpfung wartet sehnsüchtig auf das Offenbarwerden der Kinder Gottes" (Röm 8,19).

Wir haben gesehen, dass der Autor die Rufe der Reihe nach aus der Thora und den Propheten formuliert. Wir haben gesehen, dass die Rufe der Reihe nach auch mit den Tagen der Planetenwoche korrespondieren. Wir können in der Rückschau schließlich noch einmal die Anfangsbuchstaben der Titel näher betrachten, die sich nun beginnend bei E (Emmanuel) über R (Rex gentium), O (Oriens), C (Clavis), R (Radix) und schließlich über S (Sapientia) zu einem lateinischen Wortpaar fügen, das verborgen die Antwort auf unser Rufen gibt: ERO CRAS – „Morgen werde ich da sein". Das ist die Verheißung, zu der uns die Antiphonen hinführen wollen, da sie die prophetischen Visionen des Alten Testaments im Licht des Neuen Testaments zum Lied unseres Herzens, zum Lied der ganzen Schöpfung machen.

3. ZUSAMMENFASSUNG UND AUSBLICK

So erweisen sich die großen Ruflieder im Rückblick als eine Art eigenes Glaubensbekenntnis, das nicht aus dem Katechismus heraus, sondern aus der übenden Betrachtung und dem Kontakt zu unseren tiefen inneren Sehnsüchten entstanden ist. Sie sind eine Einladung, die Heilsgeschichte nicht als Geschehen aus einer neutralen und scheinbar objektiven Distanz zu beurteilen, sondern auf die Suche zu gehen, die eigene Geschichte als Heilsgeschichte zu entdecken, in sie singend einzustimmen,

Planet	**Saturn**	**Jupiter**	**Mars**	**Sonne**	**Venus**	**Merkur**	**Mond**
Charakteristika	Der letzte der sichtbaren Planeten; er symbolisiert das Prinzip der Begrenzung: über die Akzeptanz von Begrenzung ist Formung möglich.	Der Planet benötigt 12 Jahre für eine Bewegung um die Sonne, ist also Planet „höherer Ordnung“, Inbegriff für Rechtsordnung	Der Planet bewegt sich, sich rot färbend, „aggressiv“ auf die Sonne zu und zieht sich langsam zurück.	Die Sonne als Planet des Lichtes, das die Finsternis vertreibt und für die Existenz umfänglichen Lebens verantwortlich ist.	Die Venus ist Morgenstern und Abendstern. Sie vollführt harmonische „schöne“ Bewegungen am Himmel.	Der Merkur wandert ständig zwischen Sonne und Venus hin und her („Götterbote“). Er symbolisiert Kommunion und Kommunikation.	Der Mond markiert die Genze zwischen Himmel und Erde. Er ist gespiegeltes Licht der Sonne.

O-Antiphon	**Sapientia**	**Adonai**	**Radix Jesse**	**Clavis David**	**Oriens**	**Rex gentium**	**Emmuel**
	ruft nach dem Weg der Klugheit. Sie ist erreichbar über die Akzeptanz der Grenze; schöpferische Formung durch Maß und Mitte.	ersehnt das Handeln Gottes zur Vollendung hin.	ruft die Sehnsucht wach nach Vitalität und Lebensentfaltung.	Die Sonne als Tagesgestirn. Die Strahlen der Sonne durchbrechen alle Finsternisse.	ruft die Sehnsucht wach nach einer ungebrochenen geheilten „schönen“ Daseinsweise.	sehnt sich nach der Aufhebung von Entfremdung durch Kommunion und Kommunikation (Sprache).	Über dem Mond erscheint die Frau, die den Emmanuel gebären soll (Offb 12,2).

sie singend auszusagen im Horizont der persönlichen Erfahrung zwischen den Perspektiven der überlieferten jüdischen und christlichen Bilder.

Auch darum sind im Folgenden Betrachtungen von Vertonungen der Antiphonen zweier ganz unterschiedlicher Komponisten beigegeben sowie Abbildungen von Glasfenstern, die alle in ihrer Zeit auf künstlerische Weise diesen Sehnsuchtsliedern sichtbare und hörbare Gestalt gegeben haben. Sie wollen also auf besondere und eigene Weise einladen, die vorgenannte Perspektive durch persönliche Anschauung zu vertiefen.

Die Texte erschließen sich eigentlich im Vollzug und nicht in der Reflexion. Es sind eben liturgische Texte, nicht dogmatische; ihr hymnischer Gebrauch ist angesagt, das zeigt schon ihre poetische Sprachform. Wie es im gewählten Vorspruch von Simone Weil heißt: Es geht ihnen nicht um Bejahung oder um Verneinung, sondern um Bewunderung. Es geht auch nicht um ein Nacherzählen, was war, es geht um Rollenübernahme. Das Magnificat, das Maria anstimmt und welches die Gebetszeit der Vesper täglich beschließt, wird cantando zum Magnificat jedes Sängers. Im „veni" sind wir Geist und Braut, aber auch Gemeinde, die im Sinne der Offenbarung ruft: „Komm." Die O-Antiphonen definieren kein Verhältnis zu Israel, sondern sie bieten eine offene Identifikation an. Beide flehen um Erlösung, um das Kommen Gottes, eingedenk der Taten Gottes in Vergangenheit und Gegenwart und Zukunft.

IV. DIE O-Antiphonen in der Musik

1. DER GREGORIANISCHE CHORAL

Ad Magnificat

Die Choralmelodie der O-Antiphonen steht in der II. Tonart. In Antike und Mittelalter war das Bewusstsein vom „Ethos" der Tonarten, d.h. vom Zusammenhang zwischen den einzelnen Tonarten und entsprechender menschlicher Gestimmtheit, sehr ausgeprägt. Die II. Tonart galt als „tristis" – nicht im Sinne von „traurig", sondern als ein Ausdruck gesammelter Innigkeit. Wir finden sie beispielsweise bei den Antiphonen des Totenoffiziums ebenso wie in den Laudes am Weihnachtsmorgen. Melodien im II. Ton bewegen sich normalerweise zwischen dem tiefen und dem hohen a der Notenskala, also im Rahmen einer Oktav. Ihr „Grundton" ist d, ihr Tenor – ihr Rezitationston für die Psalmen – ist f. Damit hat von allen acht Kirchentonarten die zweite zwischen den beiden Fixpunkten Tenor und Grundton den geringsten Abstand, nämlich lediglich eine kleine Terz: Das Oben und das Unten – symbolisch gesprochen: „Himmel" und „Erde" – sind einander ganz nahe gekommen. Schon darum ist gerade die II. Tonart in sinnfälliger Weise geeignet für die Ruflieder des Advents. Am Beispiel der für den 22. Dezember vorgesehenen Antiphon „O Rex gentium" wollen wir uns die Melodie der O-Antiphonen noch etwas genauer anschauen.

Die älteste Abhandlung über die O-Antiphonen, die uns aus der 1. Hälfte des 9. Jahrhunderts erhalten ist, findet sich bei dem Liturgiker Amalar von Metz, im 13. Kapitel seines Werkes „De ordine antiphonarii" (PL 105, 1265–1269). Zu dem „O" am Anfang schreibt Amalar, dass der Sänger bzw. Komponist dadurch die folgenden Worte als eine wunderbare Schau charakterisieren wollte, dazu bestimmt, durch die Wiederholung sie dem Herzen einzuprägen.

„O" kann nun allerdings sehr verschieden klingen, je nachdem, ob es Ausdruck der Freude oder der Trauer, des Erstaunens oder des Erschreckens ist. Entsprechend ist auch die Vertonung im Choral verschieden. Das „O" bei den O-Antiphonen steigert sich erst nach einem tief (auf c) ansetzenden Auftakt zur betonten Dehnung auf dem Tenor f, um dann nur einen Halbton tiefer auf e auszuklingen. Die gleiche Tonfolge finden wir zu Beginn der zweiten Hälfte der Antiphon bei *veni* – „komm", nur dass hier die Betonung noch mehr auf das Ende geschoben ist, verweilend und leise verklingend auf dem zum Tenor hin offenen „Leitton" e.

Die Anrufung *Rex gentium* – „König der Völker" in der sechsten O-Antiphon wird melodisch zunächst durch die kleine Terz vom Tenor zum Grundton intoniert und mit der für den II. Ton ebenfalls typischen Schlussfloskel e-(d)-c-d-d abgeschlossen. Dann orientiert sich die Melodie zunächst ganz am tiefen, „uneigentlichen" Rezitationston d, der hier deutlich den Vorrang hat vor dem in der gesamten Antiphon kaum prononciert auftretenden eigentlichen Rezitationston f. Die zweite Hälfte der Antiphon ist durch einen besonderen Tiefpunkt charakterisiert:

Auf der letzten Silbe von *hominem* – „Mensch" steigt die Melodie mit der Tonfolge d-c-a bis zu ihrer unteren Grenze hinab. In vier O-Antiphonen steht an dieser Stelle *nos* – „wir" (bzw. „uns"), in den beiden übrigen *tenebris* – „Finsternis" (als der Ort des unerlösten Menschen).

Unsere bisherige Deutung wird durch die älteste (adiasthematische) Handschrift unterstützt, in der uns die O-Antiphonen vorliegen: im Codex Hartker aus St. Gallen, um das Jahr 1000 entstanden, Seite 40 (= H 40). Ihr ist unsere Übertragung über dem Notenbild entnommen:

- Mit besonderer rhythmischer Sorgfalt ist hier das „O" behandelt: Die dem Pes eigene Strebewirkung zum zweiten Ton wird durch das Episem noch intensiviert; der anschließende Pressus minor trägt ein „t" (für *tenete,* also „halten").
- Die Clivis für das zentrale Wort *Rex* hat ein Dehnungsepisem. Gleichwohl ist auch das Wort *gentium* mit aller Klarheit in der Deklamation auszuführen, da die diminutive Liqueszenz auf die phonetische Eigenart des Wortes *gentium* hinweist.
- Es sei auch vermerkt, dass das „f" (*sursum* -„hoch") bei den zwei Torculi von *angularis* die Lesart des Antiphonale Monasticum mit h (statt b) stützt. So erhält die über den „eigentlichen" Tonvorrat hinausreichende Melodie hier ihr besonderes Profil als Höhepunkt, dem auch das zugehörige jeweilige Wort (hier *angularis*) entspricht.
- Hingewiesen sei auch auf die Zusatzzeichen der Handschrift bei der schon angesprochenen Stelle, bei der die Antiphon (bei *hominem*) ihren Tiefpunkt erreicht: Die besonderen Neumierungen (Liqueszenzen) wollen als Hinweise auf beste Textdeklamation verstanden sein; das „t" (für *tenete*) und das „i" (für *iusum* – „tief") betonen das deklamatorische und melodische Gewicht, das diesem Tiefpunkt auch vom Wort her zukommt.
- Zu beachten ist ferner die sorgfältige musikalische Behandlung bei *desideratus,* durch die der Gefahr entgegengetreten

wird, dass die der Betonung folgenden Silben in der Aussprache allzu sehr vernachlässigt werden. Dem Komponisten war wohl eine gute Abrundung und genaue Profilierung der Worteinheit wichtig. So setzt der Schreiber an diese Stelle den gedehnteren Pes quadratus, der nochmals Verwendung findet, um die betonte Silbe von *angularis* zu unterstreichen.

- Schließlich sei noch auf die beiden Quilisma-Neumen hingewiesen: Der Quilisma-Scandicus bei *utraque* fügt das Wort zur Einheit und öffnet gleichzeitig den Raum für den unmittelbar folgenden Akzent. Der (in der vierzeiligen Notation nicht berücksichtigte) Quilisma-Pes bei *formati* führt auf ganz besonders eindringliche Weise noch einmal die Melodie zum Rezitationston f hin.

Alle diese Beobachtungen zeigen, wie sehr die Melodie – im Rahmen der einfachen Möglichkeiten einer Antiphon – auf den Text hin komponiert ist und mit ihm eine kunstvolle Einheit bildet. Die Melodie endet nun nach dem Tiefpunkt schnell – nochmals vom Tenor herkommend – auf dem Grundton d, ohne dass der Abschluss wie gewöhnlich unmittelbar durch c untermauert wird. So klingt die Melodie am Ende gleichsam offen aus, wodurch sie nochmals die im Text ausgesprochene sehnsuchtsvolle Erwartung unterstreicht.

2. DIE VERTONUNG DURCH MARC-ANTOINE CHARPENTIER

Marc-Antoine Charpentier (1636–1704) hat seine O-Antiphonen im sogenannten Stil der Motette komponiert. Das bedeutet, dass er jedem Textabschnitt eine eigene musikalische Gestalt gibt. Die erste Antiphon „O Sapientia“ möchte ich einer näheren Betrachtung unterziehen.

Premier O

Marc-Antoine Charpentier, Antiennes „O“ de l’Avent (H 63–43), Premier O

19
quae ex o - re al - tis - si-mi pro - - di - is - ti at -
-tis - si-mi al - tis - si-mi pro -di - is - - - ti
quae ex o - re al - tis - si-mi pro - di - is - ti
6 7 ♯ 5 4 ♯3
24
-tin-gens a fi - ne us-que ad fi - nem us-que ad fi - -
6 7 6 6 6 7 ♯6
30
-nem
at - tin-gens a fi - ne us-que ad fi - nem us-que ad
6 6 6 6

36
for - ti - ter su - a - vi-ter que su - a - vi-ter que dis -
fi - - nem
43
Guay
Ve-ni ve-ni Ve-ni ve-ni ad
-po - nens om- - ni - - a Ve-ni ve-ni Ve-ni ve-ni ad
Ve-ni ve-ni Ve-ni ve-ni ad do-cen-dum
50
do-cen-dum nos O sa - pi - en - ti-a ve-ni ad
do-cen-dum nos O sa - pi - en - ti-a ve - ni ve-ni ad
nos O sa-pi-en - ti-a O sa-pi - en - ti-a ve-ni ad

56
do-cen - dum nos vi-am pru - den - - ti - ae Ve-ni
do-cen - dum nos vi-am pru - den - - ti - ae Ve-ni ve-ni Ve-ni
do-cen- dum nos vi-am pru - den - - ti - ae Ve-ni ve - ni
6 6 2 ♯6 4 ♯3 ♯ ♭ 2 ♮5 6
63
ve - ni ve - - ni Ve-ni ad do-cen- dum nos ad
ve - ni ve - - ni Ve-ni ad do-cen- dum nos ad
ve - ni ve - ni Ve-ni ad do-cen- dum nos
♭ 4 3 ♯6 7 6
71
do-cen-dum nos vi - - am pru - den- - ti - ae.
do-cen-dum nos vi - - am vi - am pru-den - - - ti - ae.
Ve - ni ad do -cen -dum nos vi - am pru - den - - ti - ae.
2 6 4 6 ♭ 7 6 4 7 6 3 4 7 6 4 5 3

Die Antiphon ist dreistimmig vertont mit einem Basso Continuo-Instrument als Fundament. Der erste Abschnitt „O Sapientia" ist geprägt durch einen kanonischen Einsatz: Bass, Altus, Tenor. Charpentier vertont das „O" mit langanhaltenden Bindungen, die musikalische Gestalt des Wortes ab *Sapientia* folgt genau seiner Artikulation: die Hauptbetonung auf der Silbe *-én* trägt die längsten Notenwerte, der Nebenakzent *-ti* ist immer eine Viertelnote, die unbetonten Silben (*-pi* und *-ti*) erhalten eine Achtelnote. Der kanonische Anfang mit dem „O" mündet in das klar und deutlich in vollem Klang ertönende Wort *Sapientia*. Charpentier vertont damit das Staunen durch eine schöne kontemplative Stimmung.

Die Prädikationen des ersten Relativsatzes kleidet Charpentier in einen objektiven Kontrapunkt der Stimmenfolge Tenor, Alt, Bass bzw. Alt, Tenor, Bass mit einer deutlichen Schlusssteigerung und einem gemeinsamen Abschluss. Den zweiten Teil mit der Prädikation *attingens* bearbeitet Charpentier sukzessiv solistisch: zunächst mit dem Altus, dann mit dem Bass. Der mittleren Stimme, dem Tenor wird *das fortiter …* anvertraut. Durch diese Art der Bearbeitung wird absolute Textverständlichkeit hergestellt.

Den zweiten Teil der Antiphon, die mit dem Ruf *veni* beginnt, setzt Charpentier in einen Dreiertakt mit der Überschrift *Guay* – „fröhlich". Dieser Teil gewinnt dadurch fast tänzerischen Charakter. Der Satz ist wieder imitatorisch angelegt, fasst aber Alt und Tenor unisonisch zusammen. Entgegen dem Text der Antiphon fügt Charpentier eine Wiederholung der Anrede „O Sapientia" ein, in die hinein, quasi vorlaut und damit Dringlichkeit ausdrückend, das *veni* nun homophon eingefügt wird, ebenfalls um die Eindringlichkeit der Bitte zu unterstreichen.

Es folgt ein erneutes, kanonisch geführtes *veni,* welches in ein sehnsüchtig breites gemeinsames *veni* mündet. Eine große Steigerung bahnt sich an: zunächst mit kanonisch geführtem *veni,* dann mit blockhaftem *veni ad docendum nos,* und mit einer Rückkehr in den Alla-breve-Zweiertakt wird breit ausklingend das Ziel der Bitte *viam prudentiae* in Klang gesetzt. Charpentier kehrt damit zur Atmosphäre des Beginns zurück. Die ganze motettische Vertonung ist von einer unerhörten Klarheit. Charpentier verzichtet gänzlich auf Wortsymbolik im musikalischen Bild, die Artikulation und damit die Verständlichkeit ist oberstes Prinzip. Die ganze Antiphon wirkt vor allem durch ihre strenge Erhabenheit. Was würde auch besser passen zum Weg der Klugheit/Weisheit?

3. DIE VERTONUNG DURCH ARVO PÄRT

Arvo Pärts (*1935) Vertonung der sieben Magnificat-Antiphonen (für gemischten Chor a capella) aus dem Jahre 1988 entstand als Kompositionsauftrag des RIAS Berlin anlässlich des vierzigjährigen Bestehens des RIAS Kammerchores. Die Komposition ist ihm gewidmet und sie ist das erste bedeutende Vokalwerk, in dem Arvo Pärt nicht die lateinische Sprache verwendet.

Da die Teile – wie bei Charpentier – je für sich eine musikalische Einheit bilden, möchte ich wie bei Charpentier auch bei Pärt eine Antiphon genauer betrachten.

Pärts Vertonung strahlt eine ungemeine Ruhe aus. Das liegt im Wesentlichen daran, dass er weniger tonal – also mit den Elementen „Spannung-Entspannung" – arbeitet, sondern eher modal, eine Weise der Materialverwendung, wie sie auch dem Gregorianischen Choral eignet. Zu dieser Ruhe trägt auch bei, dass Pärt ausschließlich große Notenwerte (halbe Note, ganze Note) verwendet. Die metrische Grundeinheit ist die halbe Note. Die Vertonung der O-Antiphon „O Weisheit" ist ganz im Piano gehalten und verwendet zwei Melodiestimmen, das sind Tenor I und Tenor II, Stimmen, die sich bewegen. Die Altstimme besteht aus einem gebrochenen Dreiklang cis-e-a, der aufgespaltet ist in einen Zweiklang e-a und in einen cis-e. Der Alt bewegt sich in seinen Klangrahmen rhythmisch in Verbindung mit dem Tenor

1. O Weisheit

Arvo Pärt, Sieben Magnificat-Antiphonen für Chor (SATB) a cappella, Antiphon „O Weisheit“

in und ord - nest al - les
in Kraft und Mil - de ord - nest du al - les:
in Kraft und Mil - de ord - nest du al - les:
in und ord - nest al - les
komm of - fen - ba - re den der
O komm und of - fen - ba - re uns den Weg der
O komm und of - fen - ba - re uns den Weg der
komm of - fen - ba - re den der
und Ein - sicht Weis - heit
Weis - heit und der Ein - sicht. O Weis - heit
Weis - heit und der Ein - sicht. O Weis - heit
und Ein - sicht Weis - heit

I und II, ist also mit ihm gekoppelt. Sopran und Bass steuern syntaktisch und von der Betonung gesteuert jeweils für einen Takt bzw. ein Wort gleichbleibende Bordunklänge bei: Sopran A-E, Bass E-A. Sie richten sich aber in der Tonlänge stets nach den Melodiestimmen des Tenors und des Alt. Der Tonvorrat ist in den Stimmen sehr gering. Die Stimmen, die den Bordun vertreten, singen nur einen einzigen Ton (Sopran I e", Sopran II a', Bass I E und Bass II A. Die Mittelstimmen Tenor I und Tenor II singen nur drei verschiedene Töne, deren Auswahl gesteuert wird von der Betonung der Worte und der Syntax. Aus diesem Grund gibt es auch kein durchgehendes Metrum, die Satzstruktur diktiert es. Auch darin ist der Kompositionsstil von Pärt der Gregorianik verwandt. Im zweiten Teil, der mit einer O-Assonanz zum Titel beginnt („o komm"), entsteht die Eindringlichkeit der Bitte durch die Konsistenz des Satzes, der hier nicht mehr durch eine durch die Syntax begründete Generalpause unterbrochen wird. Wie Charpentier schließt Pärt mit der Wiederholung der angerufenen Person „O Weisheit" ab. Er übernimmt sogar die Generalpause für den Schluss.

Für mich persönlich gibt es kaum eine meditativere Versenkung in die O-Antiphonen, als die Vertonung von Pärt anzuhören und dabei die Glasfenster von Rabenstein zu betrachten, die auf den folgenden Seiten abgebildet sind. Dabei werden die uralten Antiphonen zugleich auch ganz modern und neu.

V. Die O-Antiphonen in den Glasfenstern von Rabenstein

Die nachfolgend abgebildeten Glasfenster befinden sich in den kleinen Schartenfenstern der Dorfkirche St. Johann Nepomuk zu Rabenstein bei Zwiesel und sind bis auf den Lichtschacht beim Altar die einzigen Lichtquellen. Die Kirche ist in den 1960er Jahren durch den Umbau eines Forststadels aus dem Jahre 1767 entstanden. Der Entwurf und die Gestaltung der Glasfenster stammen von Bernhard Schagemann, einem Lehrer an der Staatlichen Glasfachschule in Zwiesel.

Die Mineralien der Erde, die in das durchsichtige Glas eingeschmolzen werden, spalten das ungeteilte weiße Licht jenseits des Innenraumes auf in die innen wahrgenommene und empfundene Vielfalt der Farbenfülle. Bunte Glasfenster können deshalb aufgefasst werden als irdische Mittler zwischen Himmel und Seele. Das transzendente, ungeteilte Licht des Himmels tritt durch sie in einen Innenraum und kann für den sich dort Befindenden und Empfindenden in seiner „gotischen Innenstube“ (Ernst Bloch) wahrgenommen werden. Da der Künstler in den Bildern fast ausschließlich die Grundfarben Rot, Blau und Gelb und ihre Kontrastfarben Grün, Orange und Violett benutzt, mit denen sich die Grundfarben wieder zu Weiß vereinen, ergibt sich, dass sich im Betrachter die Farben wieder zu einer neuen Lichteinheit fügen. Die Glasfenster wollen also mit den einzelnen Szenen nicht die Welt der Erscheinungen abbilden, sondern das Fenster zeigt uns im Bild für das innere Auge, wie die Welt im Licht des Glaubens aussieht.

Das erste Fenster „O Sapientia“

Die Weisheit hat ihr Haus gebaut,
hat ihre sieben Säulen aufgerichtet.
Ihr Ruf ergeht:
Kommt, esst von meinem Brot
und trinkt von dem Wein, den ich gemischt.
(Spr 9,1.3.5)

Das Glasfenster zeigt uns sieben Säulen aus Kristall in tiefblauer Umgebung, in ihrer Stellung und Länge unterschieden. Gebäude auf Säulen sind in der menschlichen Erfahrung immer zurückgebunden an eine Welt, der sich unsere Welt verdankt. Mit ihrer Basis, ihrem Schaft und ihrem Kapitell sind sie Bäumen ähnlich, die im Wurzelbereich verankert sind, mit ihrem Stamm zwischen Himmel und Erde stehen und mit ihrer Krone Kontakt zum Oben suchen. Das kristallklare weiße Licht weist hin auf den Ursprung des Lichtes vor aller Farbvielfalt. Die Farbe Blau-Türkis der Umgebung vertritt Ruhe und Geistigkeit. Dabei ist die Siebenzahl ein Zeichen der Vollständigkeit und Ganzheit. Sie will sagen, dass das Haus der Weisheit einen festen, verlässlichen und stabilen Grund hat.

O Weisheit,
hervorgegangen aus dem Mund des Höchsten,
die Welt umspannst Du von einem Ende zum andern,
mit Kraft und Milde ordnest Du alles;
nun komm, uns zu lehren den Weg der Einsicht.

Das zweite Fenster
„O Adonai“

Da erschien dem Mose der Engel des HERRN in einer Flamme, die aus einem Dornbusch emporschlug. Er schaute hin: Da brannte der Dornbusch und verbrannte doch nicht. Moses sagte, ich will dort hingehen, und mir die außergewöhnliche Erscheinung ansehen.
Als der HERR sah, dass Mose näherkam, rief Gott ihm zu: Mose, Mose! ... Ich habe das Elend meines Volkes in Ägypten gesehen. Ich bin herabgestiegen, sie der Hand der Ägypter zu entreißen ...
Da antwortete Gott dem Mose: Ich bin der „Ich bin da“.
(Ex 3,2–4.7f.14)

Das Glasfenster zeigt uns einen Kristall, in den die vier hebräischen Buchstaben eingraviert sind, mit denen Gott dem Mose seinen Namen kundgibt: „Ich bin da“. Die rote und orangefarbene Umgebung weist hin auf Wärme, auf die glühende Hitze der Wüste, auf die züngelnden Flammen des brennenden und doch nicht verbrennenden Dornbusches, auf ein spektakuläres Naturereignis am unwirtlichen Ort, abseits jeden Trubels, welches über das Staunen zum Mitteilungsmedium wird.

O Adonai und Führer des Hauses Israel,
der Du Mose in der Feuerflamme des Dornbusches
erschienen bist
und ihm auf dem Sinai das Gesetz gegeben hast:
Nun komm und erlöse uns mit erhobenem Arm.

Das dritte Fenster „O Radix Jesse“

Doch aus dem Baumstumpf Isais wächst ein Reis hervor, ein junger Trieb aus seinen Wurzeln bringt Frucht. Der Geist des HERRN lässt sich nieder auf ihm: der Geist der Weisheit und der Einsicht, der Geist des Rates und der Stärke, der Geist der Erkenntnis und der Gottesfurcht. Er richtet nicht nach dem Augenschein und nicht nur nach dem Hörensagen entscheidet er, sondern er richtet die Hilflosen gerecht und entscheidet für die Armen des Landes, wie es recht ist, er schlägt den Gewalttätigen mit dem Stock seines Wortes ... An jenem Tag wird es der Spross aus der Wurzel Isais sein, der dasteht als Zeichen für die Nationen.
(Jes 11,1-4.10)

Das Glasfenster stellt in seinen Mittelpunkt die zarten, grün aufstrebenden und emporwachsenden Zweige und eine blaue Blüte. Das Natürliche des Grün und das Geistige des Blau weisen uns hin auf eine doppelte Gestalt des Lebens. Vor dem Hintergrund des weißen Lichtes kann das Lebenszeichen deutliche Konturen zeigen. Um es herum ist eine von diesen Farben abgeleitete Aura gebreitet, die die Wirkmächtigkeit des Zeichens deutlich erkennbar macht. Der Rand mit seinen gelben, sandfarbenen Bildelementen bleibt konturenlos und ist Hinweis auf das Abgestorbene und Tote. Während die Glaselemente des Lebens hochformatig ausgerichtet sind, sind die der Wüste eher liegend im Querformat.

O Spross aus der Wurzel Isais,
der Du dastehst als Zeichen für die Nationen,
vor dem die Könige ihren Mund verschließen,
den die Völker anflehen:
Nun komm, uns zu befreien, säume nicht länger.

Das vierte Fenster „O Radix Jesse“

An jenem Tag werde ich meinen Knecht Eljakim, den Sohn Hilkijas berufen. Ich bekleide ihn mit deinem Gewand und lege ihm deine Schärpe um. Ich übergebe ihm dein Amt, und er wird für die Einwohner Jerusalems und für das Haus Juda ein Vater sein. Ich lege ihm den Schlüssel des Hauses David auf die Schulter. Wenn er öffnet, kann niemand schließen; wenn er schließt, kann niemand öffnen. Ich schlage ihn an einer festen Stelle als Pflock ein; er wird in seinem Vaterhaus den Ehrenplatz einnehmen.
(Jes 22,20-23)

Das Glasfenster zeigt uns den Bart eines Schlüssels in den Lichtfarben Gold und Weiß. In ihn ist ein lichtgelbes Kreuz eingearbeitet. Der Kontrast zwischen Licht und Dunkel ist in keinem anderen Glasfenster so groß wie in diesem: Wir finden nur die Komplementärfarben Gelb im Lichtschlüssel und Violett in den undurchdringlichen Gittern vor. Dem ungeteilten Weiß des von oben einfallenden Lichtes steht die Nichtfarbe Schwarz der Finsternis gegenüber, die eine so große Fläche wie sonst nicht mehr einnimmt. Der Bart des Lichtschlüssels aber reicht bis ganz nach unten, wenngleich er durch die Macht der Finsternis bereits Kraft eingebüßt zu haben scheint.

O Schlüssel Davids und Szepter des Hauses Israel,
der Du öffnest und niemand schließt,
der Du schließest und keiner vermag zu öffnen.
Nun komm und führe die Gefangenen aus dem Kerker,
den, der sitzt in Finsternis und Todesschatten.

Das fünfte Fenster „O Oriens"

Um Zions willen kann ich nicht schweigen, um Jerusalems willen nicht still sein, bis das Recht in ihm aufstrahlt wie ein helles Licht und sein Heil aufleuchtet wie eine brennende Fackel. Dann sehen die Völker deine Gerechtigkeit und alle Könige deine strahlende Pracht. (Jes 62,1–2)

Das Glasfenster zeigt uns den Stern wie den Schlüssel aus dem ungeteilten Licht des Kristalls und dem gelbfarbenen Lichtgold. Der Stern strahlt mit diesem sanften Gelb in alle Richtungen aus, auch nach vorn zum Betrachter. In seiner Nähe wird das dunkle Blau aufgehellt. Es vertreibt anschaulich die blauen Dunkelheiten der Nacht an den Rand des Fensters, so wie der Morgenstern als Herold des Tages der Dunkelheit der Nacht ihr Ende zuruft. Wer genau hinschaut, erkennt in dem runden weißen Zentrum des Sterns das Christusmonogramm Chi-Rho.

O Morgenstern,
Du Glanz des ewigen Lichtes
und Du Sonne der Gerechtigkeit;
nun komm und erleuchte,
die sitzen in Finsternis und Todesschatten.

Das sechste Fenster „O Rex gentium“

Gott ist König der ganzen Erde, spielt ihm ein Psalmenlied.
Gott wurde König über alle Völker,
Gott sitzt auf seinem heiligen Thron.
(Ps 47,8–9)

Er kam und verkündete den Frieden und versöhnte die beiden durch das Kreuz mit Gott.
Ihr seid auf das Fundament der Apostel und Propheten gebaut, der Schlussstein ist Christus. Durch ihn wird der ganze Bau zusammengehalten und wächst zu einem heiligen Tempel im Herrn.
(Eph 2,14.16.20–21)

Das Glasfenster zeigt uns wieder den weißen Kristallstein, der in allen unseren Fenstern verwendet wird, hier in der Form eines Quadersteines, der die innere Stabilität des roten Mauerwerkes garantiert und als einziger durch seine quadratische Form beiden Richtungen zugehört, während die roten Steine so geformt sind, dass sie eindeutig dem Längs- bzw. Querbalken zugeordnet werden können. So macht der eine weiße Stein aus den zwei Mauern ein stabiles Gebäude. Auch er trägt in sich das Christusmonogramm Chi-Rho.

O Du König der Völker, ihr Ersehnter,
Du Schlussstein, der Du die beiden vereinigst;
nun komm und heile den Menschen,
den Du aus Erde gebildet hast.

Das siebte Fenster „O Emmanuel“

Da sagte Jesaja: Hört her, ihr vom Hause David. Darum wird euch der HERR von sich aus ein Zeichen geben: Seht, die Jungfrau wird ein Kind empfangen, sie wird einen Sohn gebären und sie wird ihm den Namen Immanuel (Gott mit uns) geben.
(Jes 7,13.14)

Der HERR ist unser Richter, der HERR gibt uns Gesetze;
der HERR ist unser König, ER wird uns retten.
(Jes 33,22)

Das Glasfenster zeigt uns in seiner Mitte im oberen Bereich ein großes helles Licht, das wie eine Sonne am Mittag hochsteht und mit seinem Licht alle und alles beleuchtet. Nach dem Morgenstern ist hier auch noch einmal direkt auf die Sonne der Gerechtigkeit Bezug genommen. Sie verbreitet mit ihrer nach außen hin gelben und dann roten Aura kein kaltes Licht, sondern strahlt wohltuende Wärme aus und liegt gegenüber dem „tiefen“ Blau der Ferne mehr in der Nähe des Vordergrundes. Das Fenster erinnert mit diesen Farbelementen sehr stark an die Farbgebung im Bild „O Adonai“, das ja für den Namen Gottes „Ich bin bei dir“ steht. Auch hier können wir in dem kreisrunden Kristall, groß eingraviert, das Christusmonogramm mit den griechischen Buchstaben Chi und Rho erkennen.

O Emmanuel,
Du unser König und Gesetzgeber,
Du, nach dem die Völker Ausschau halten,
Du, ihr Heiland,
nun komm, heile uns, Herr, unser Gott.

Dank

Der erste Dank gilt meinem verstorbenen Mitbruder P. Gerhard Voss, der mich nicht nur mit der Thematik der O-Antiphonen, sondern auch allgemein mit den poetischen Quellen des Christentums angezündet hat und dessen Arbeit ich im Rahmen des von mir gegründeten Hauses für Gregorianik weiterführen möchte.

Großen Dank schulde ich den Mitgliedern des Vorstandes des Hauses für Gregorianik sowie Frau Margarete Stenger für die Unterstützung und Beratung beim Werden des Buches. Sehr dankbar bin ich Johannes Zeise, Regine Sigel und Frank Sprenger, die durch ihre großzügige Spende den Abdruck der Aquarelle von Andreas Felger möglich gemacht haben.

Viele großartige Choralkenner und geistliche Menschen haben mich auf meinem gregorianisch-musikalischen Weg begleitet, gefördert und inspiriert. Ihnen danke ich für ihre musikalisch-geistliche Elternschaft.

Frater Gregor Baumhof OSB

Literatur

Gregor Baumhof, Gesänge der Stille, München 2006

Frans Kok, Laus Divina, Calithes 2010

Elisabeth Löffler, Die Sieben Magnificat-Antiphonen von Arvo Pärt, Diplomarbeit, München, 2013

Lutherbibel

Kurt Marti, Die gesellige Gottheit. Ein Diskurs, Stuttgart 1989

Ruedi Stäuble, „O-Antiphonen – biblische Bezüge" (unveröffentlichtes Manuskript)

Gerhard Voss / Gregor Baumhof, Ein Lied vom Seufzen der ganzen Schöpfung. Die O-Antiphonen der römischen Adventsliturgie, Musica Sacra 105 (1985), 423-434.

Abbildungen

S. 79–82: Marc-Antoine Charpentier, Antiennes „O" de l'Avent, Premier O

S. 86–87: Arvo Pärt, Sieben Magnificat-Antiphonen für Chor (SATB) a cappella, Antiphon „O Weisheit"

S. 19, 27, 34, 42, 50, 54, 62: Andreas Felger, O-Antiphonen I–VII, Aquarell auf Papier.

S. 91, 93, 95, 97, 99, 101, 103: Glasfenster aus der Kirche St. Nepomuk in Rabenstein bei Zwiesel